Rudi Treiber

Das Liederbuch

karina verlag

Impressum:

www.karinaverlag.at

ISBN: 978-3-903056-60-2

Rudi Treiber

Das Liederbuch

Inhalt:

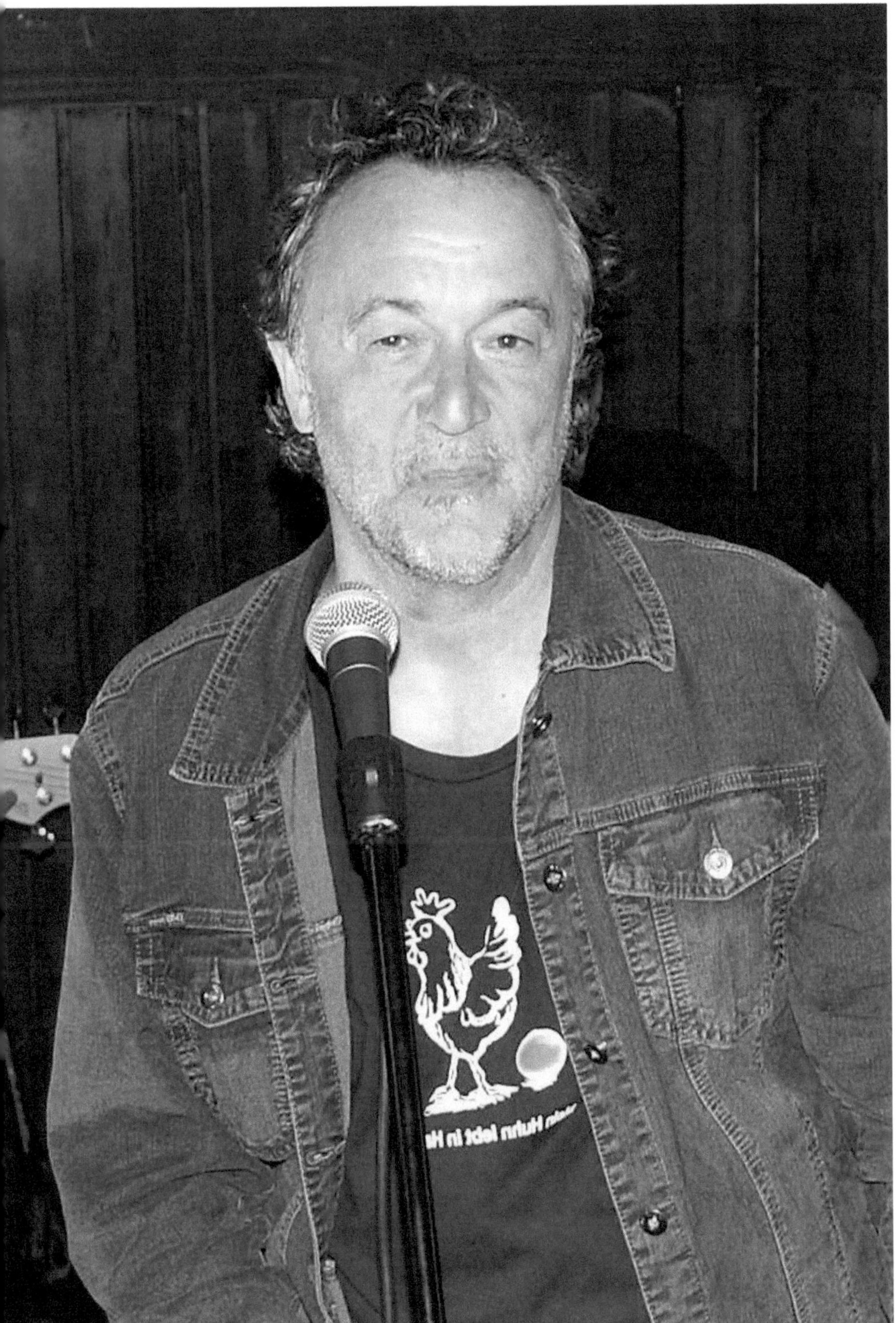

Am Beginn ein Wort

Meine Lieder entstehen spontan. Ein Thema interessiert mich, bewegt oder verärgert mich, dann muss ich dieses einfach in Worte fassen. Worte, die dann mit Tönen versehen werden und sich in einen Song verwandeln. Manchmal warten sie auch einige Zeit, bis die richtigen Noten den Weg finden.
Es sind klare Worte, ehrliche Texte, einige im Dialekt, weil genau dieser Song so besser lebt.

Manchmal wird es rockig, dann wieder eine Ballade. Ein wenig Reggea oder einfach ein alternatives Lied. Alles ist möglich. Die Texte sind ironisch, gesellschaftskritisch, unterhaltend, mitreißend, oder einfach ein Song des Herzens. Tönende Worte über die Orte an denen ich lebe oder die Menschen, die mich umgeben.

Ich bin mit all meiner Leidenschaft Musiker, aber auch Schreiber, Maler und Olivenbauer. Doch am meisten bin ich Mensch und diese Einstellung zum Leben versuche ich Euch mit meinen Liedern näher zu bringen.

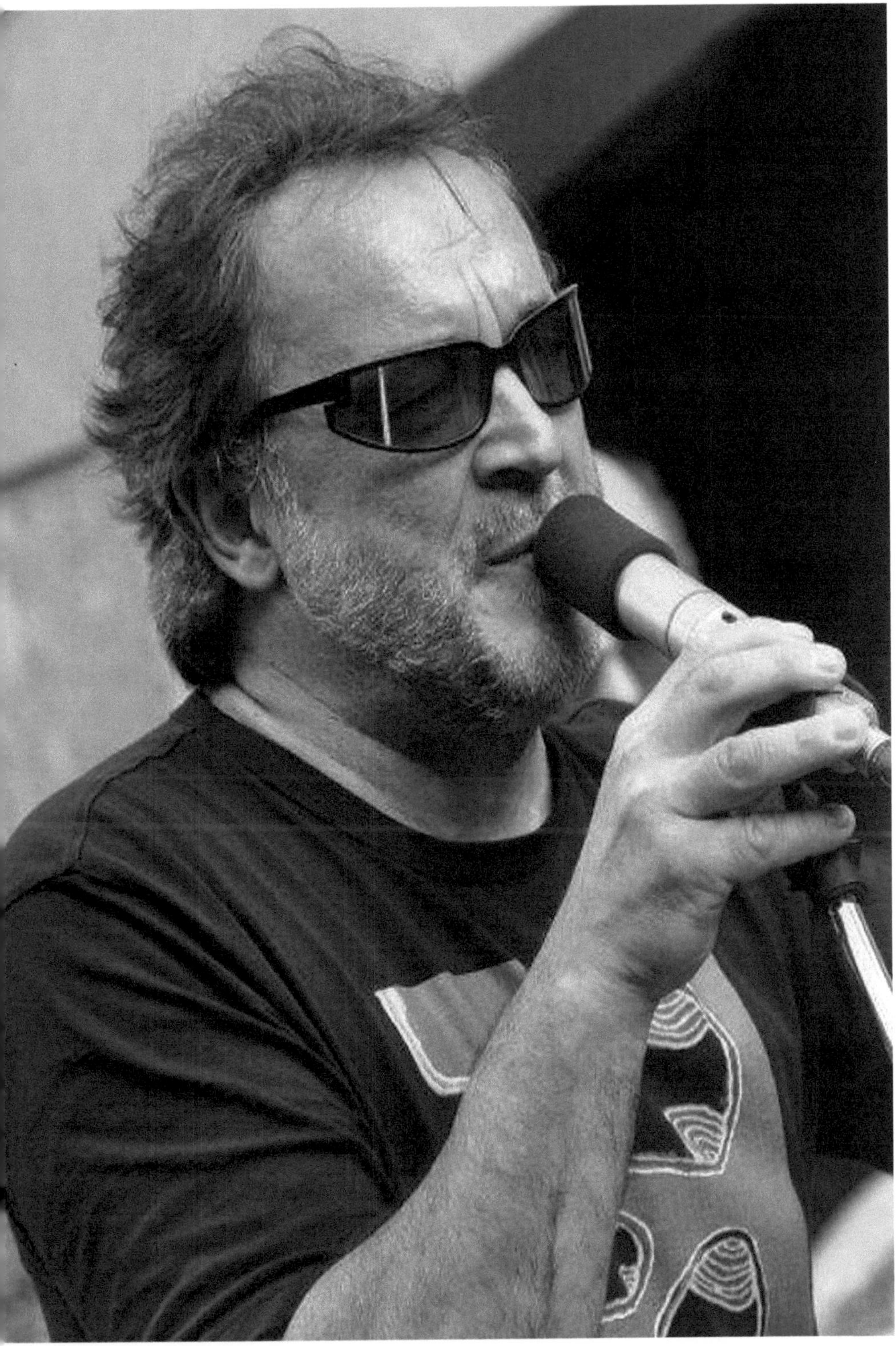

Abschiedslied

Nur allan, wast wo Freunde san,
Nur allan, find´st du dich,
Nur allan, fangst zum leben an,
Nur allan - ohne di.

Aber wenn die Nacht beginnt,
dann bist einsam wie a Kind,
und es brennt in deiner Brust,
nimmt dir jede Lebenslust

Nur mit dir, jo do geht's mir guat,
Nur mit dir, wollt i leben,
Nur mit dir, fahr i wieder fort,
Nur mit dir, will i mir´s geben.

Aber wenn der Tag beginnt,
siehst wie ollas schnö zerrinnt,
und es brennt auf deiner Haut,
s´Leben hat mi niederghaut.

Nur mit mir, host net leben wollen,
Nur mit mir, war´s da zvü,
Nur mit mir, kannst ollas wiederholn,
Nur mit mir - wenn du wüst.

Owa wenn´st mi net verstehst,
is es besser wenn du gehst,
doch die Liebe bring net um,
Denn sie fragt net noch „warum".

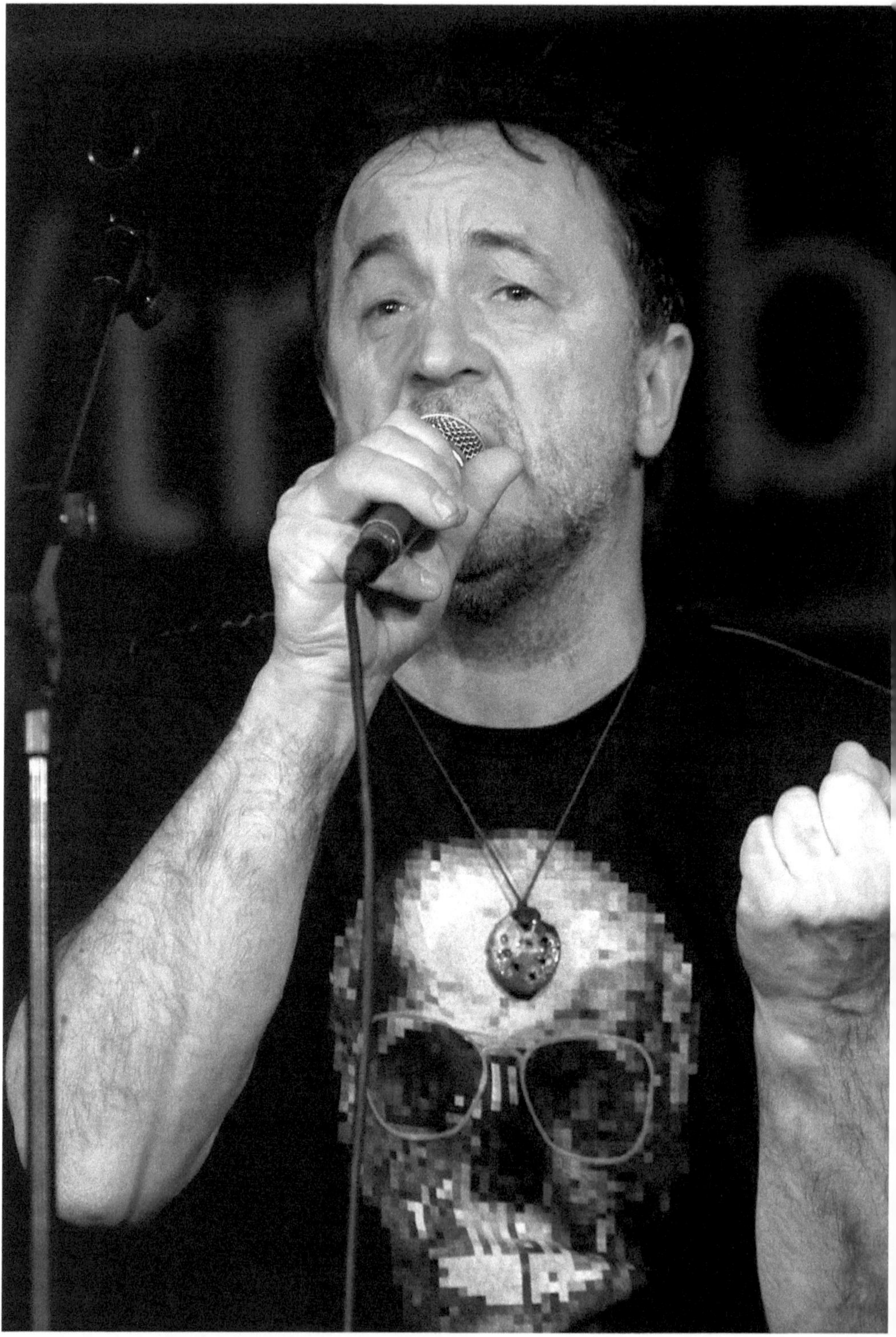

Alternativ

Wenn ich aufsteh in der Früh,
läut´ kein Wecker, kräht ein Hahn
und zum Frühstück gibt es Müsli mit ganz wenig Sauerrahm,
ich setz mich auf mein Fahrrad, fahre 1 Stunde in meine Bank,
doch die vielen Autos machen mich gleich wieder krank.

Alternativ, alternativ
yeah yeah yeah
ich bin so schrecklich - alternativ

Alternativ, alternativ
yeah yeah yeah
ich bin so schrecklich - alternativ

Ich bin für Gleichbehandlung,
für Gleichgeschlechtlichkeit,
für Homos und für Hetros, für Liebe nur auf Zeit,
doch geht es mir mal schlecht so ist mir alles recht

ein Spatz im Käfig ist besser als am Baum ein Specht.

Alternativ, alternativ ...
yeah yeah yeah
ich bin so schrecklich – alternativ

Alternativ, alternativ ...
yeah yeah yeah
ich bin so schrecklich - alternativ

und manchmal denk ich mir - wie das wär,
mach doch mal auf Volksmusik wie Hansi Hinterseer,
oder lass dich tätowieren - geil den Kopf rasieren,
Löcher in die Hosen - als Frischluft für den Arbeitslosen.

Alternativ, alternativ
yeah yeah yeah
ich bin so schrecklich - alternativ

Alternativ, alternativ
yeah yeah yeah
ich bin so schrecklich - alternativ

Amore

Roberto und Tino, Cabanossi natur,
Nivea gebräunt und machen heut auf Figur,
und alles Weiße, ist neu hier am Strand,
Roberto und Tino - machen das aus dem Stand.
Schwarze Locken, fliegen im Wind,
geölte Körper - machen Girls eben blind.

Sie wollen Amore, nur Amore am Sand und am blauen Meer.
Am Laggo Maggiore nur Amore Spaghetti Love Affair.
Sie wollen Amore, nur Amore in Capri und Jesolo,
molto Amore, nur Amore für Madame Incognito.

Roberto und Tino machen heute auf fein,
Roberto mit Gabi, und Tino mit Jane,
Molto Campari und Disco total,
Gelati, Gelati, ganz National.
Hotel de la Mare, Amore intin,
nur heute, kein Morgen, ganz anonym

Sie wollen Amore, nur Amore am Sand und am blauen Meer.
Am Laggo Maggiore nur Amore Spaghetti Love Affair.
Sie wollen Amore, nur Amore in Capri und Jesolo,
molto Amore, nur Amore für Madame Incognito.

Sie wollen Amore, nur Amore am Sand und am blauen Meer.
Am Laggo Maggiore nur Amore Spaghetti Love Affair.
Sie wollen Amore, nur Amore in Capri und Jesolo,
molto Amore, nur Amore für Madame Incognito.

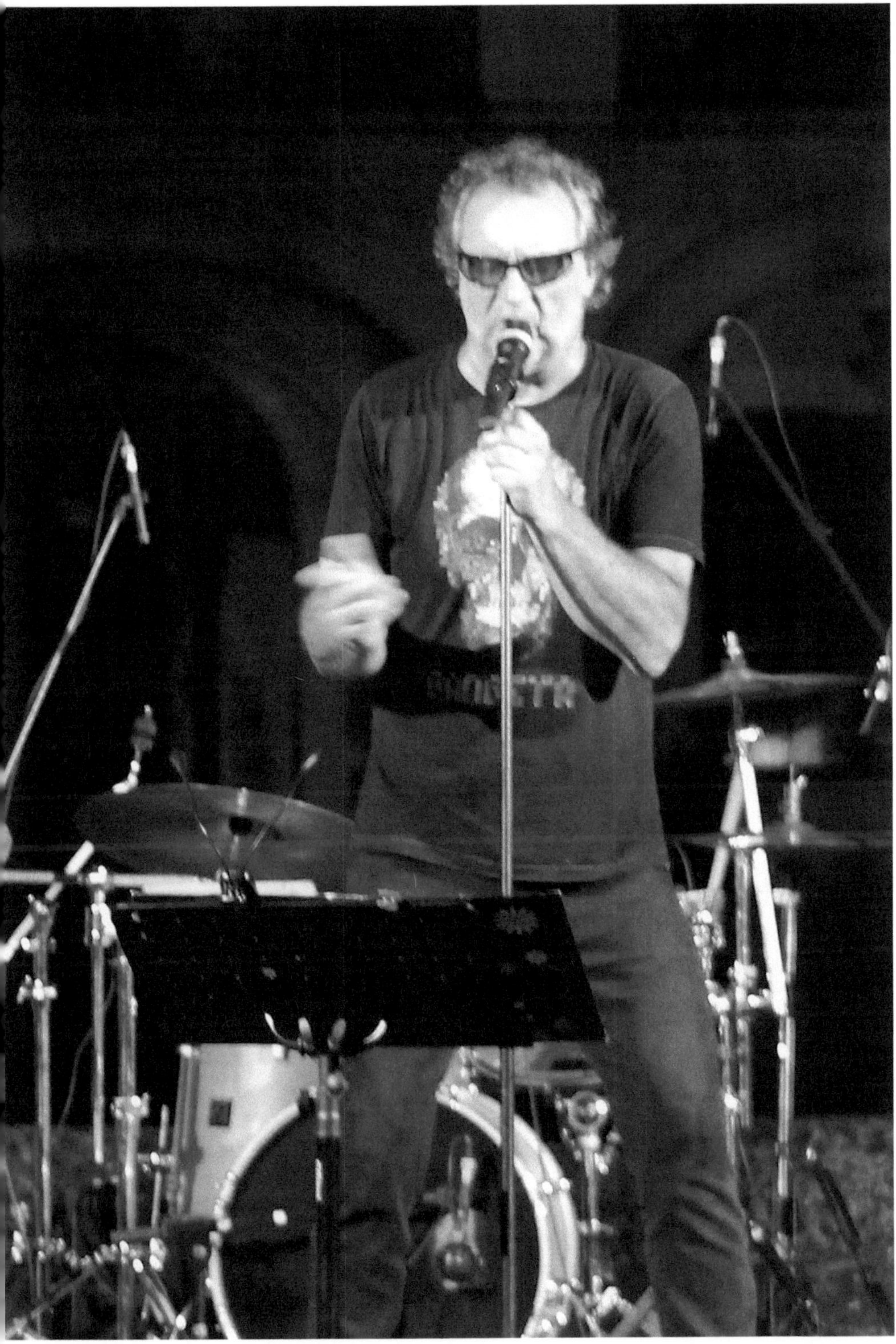

Aragon

Hallo Freunde, ich bin soeben angekommen,
mit dem Raumschiff Aragon.
Steigt ein, ich sing heut meine Lieder,
wir fliegen weg nach Babylon.

Captain, Captain - alles klar,
zieh den Vogel rauf.
Captain, Captain - es geht los,
Captain, Captain, heute sind alle drauf.

Wir landen hart in steiler Sphäre,
und zelebrieren die Fantasie,
und Aragon ist unsre Fähre,
Es gibt nur eins, jetzt oder nie.

Captain, Captain - alles klar,
zieh den Vogel rauf.
Captain, Captain - es geht los,
Captain, Captain, heute sind alle drauf.
Captain, Captain
Captain, Captain, es geht los!

Captain, Captain

Captain, Captain, es geht los!

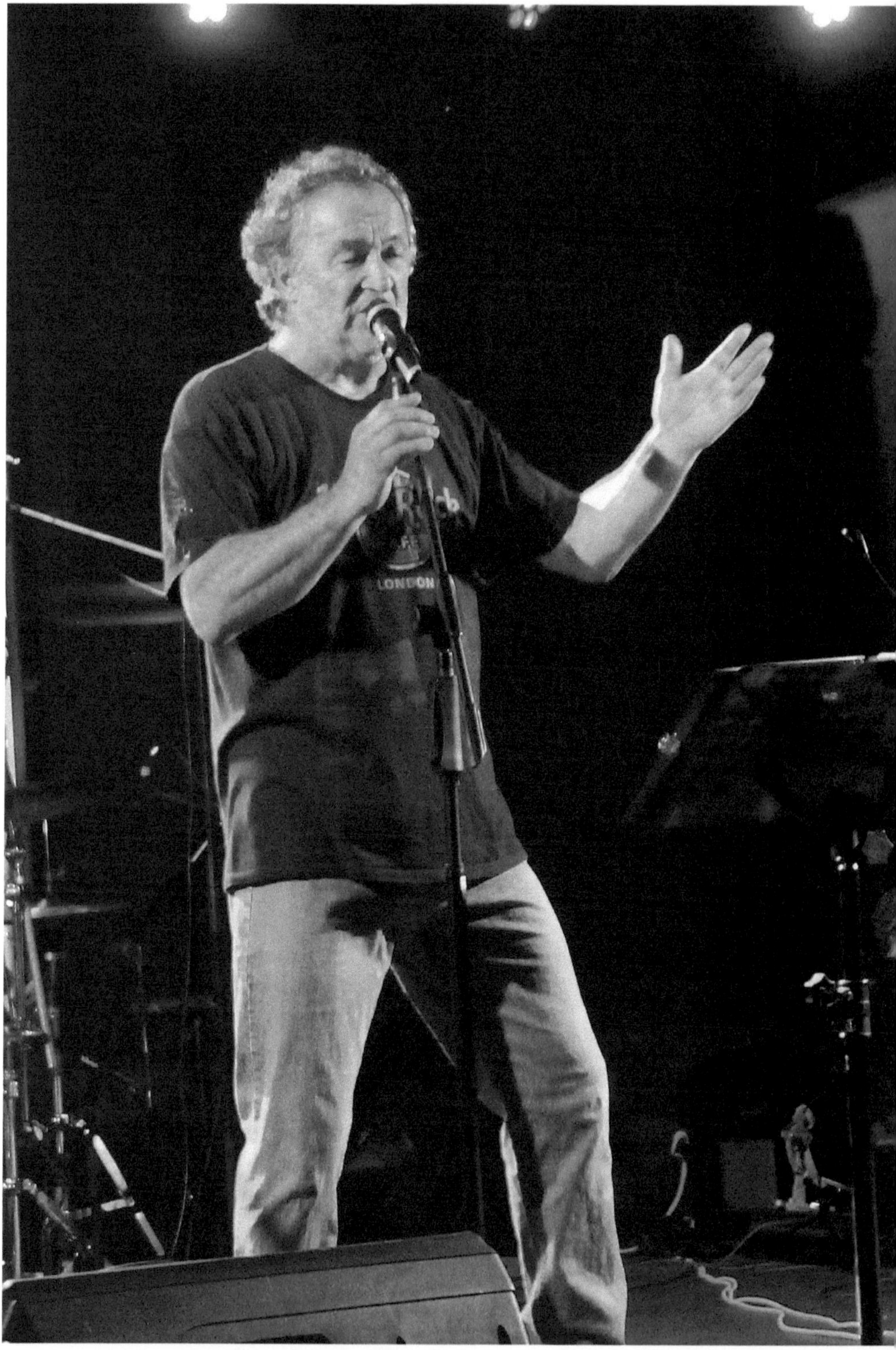
LONDON

Austrian Mountain Rap

Hey Babe, my name is Seppl and I am
A man of the mountains, no fear and no shame,
My eyes are so blue, just like an Enzian,
I´m powerful in the night and in the morning sun,
I´m joking and I´m drinking "Jaga Tea",
and every night I´m the king of Apres Ski,
I´m having fun and I yodel all the time,
to stay in the mountains that is really fine.

Hey Baby, Baby, I´m rapping on the Hill,
I´m rapping on the mountain in Tirol and Mittersill.
Hey Baby, Baby, I´m rapping in the night,
I´m rapping with Charlotte, togehter all is right.
Hey Baby, Baby, this is my daily show,
sunny days and funny nights an much powder snow.
Apres ski meansm the fire melts the ice,
and when I go, I bring you Edelweiß.

Hey Babe we´re gonna drink a snaps or two,
tomorrow´s far away, today the sky is blue.
Hey Babe come, don´t worry ,that´s our rule,
cause here in the mountains life is really cool.

Hey Baby love, I wanna be your friend,
when you are alone, I always hold your hand.
You give me little money for your stay,
life in the mountains is easy every day.

Hey Baby, Baby, I´m rapping on the Hill,
I´m rapping on the mountain in Tirol and Mittersill.
Hey Baby, Baby, I´m rapping in the night,
I´m rapping with Charlotte, togehter all is right.
Hey Baby, Baby, this is my daily show,
sunny days and funny nights an much powder snow.
Apres ski meansm the fire melts the ice,
and when I go, I bring you Edelweiß.

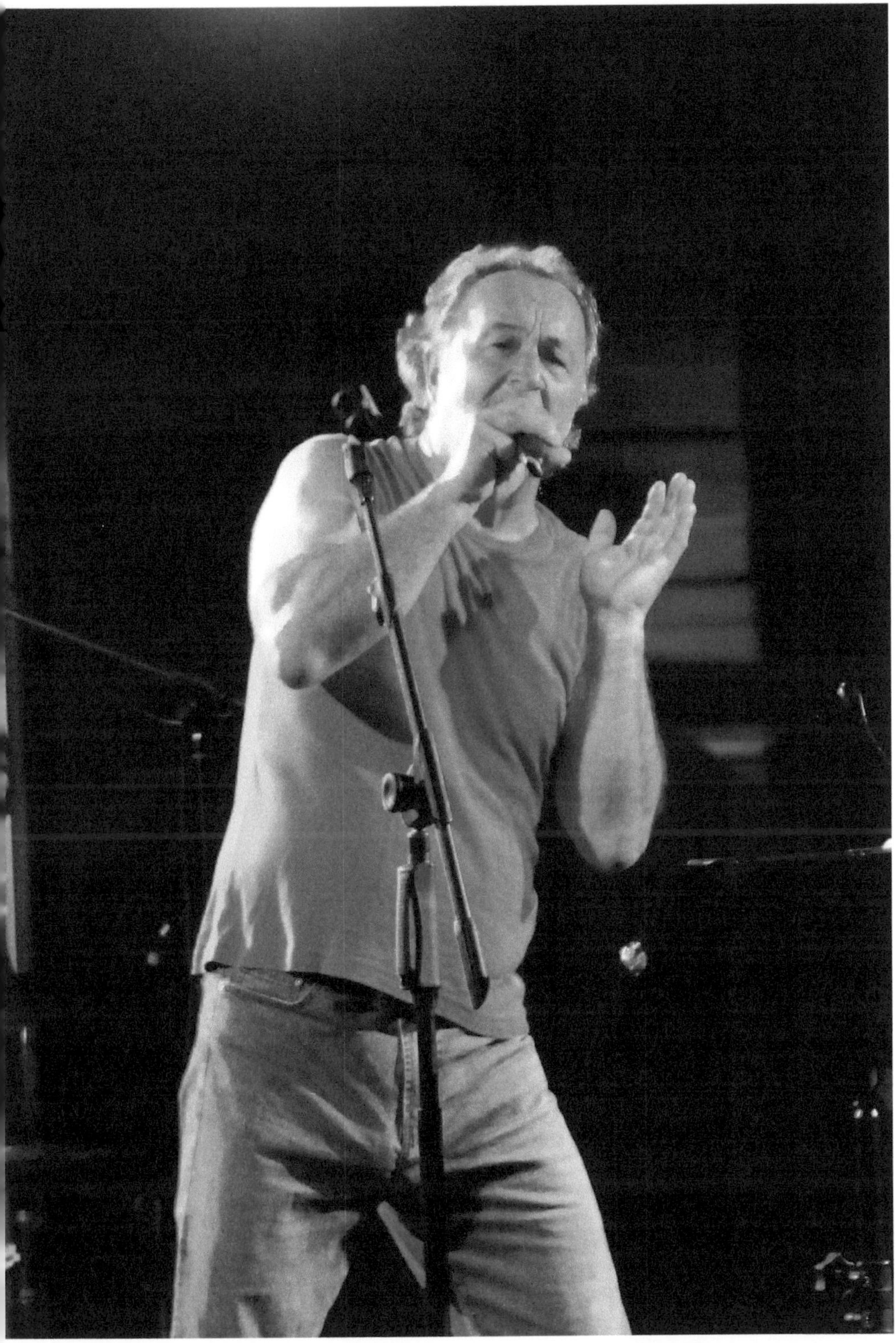

Bedrogen

Sie haben dich benutzt,
beschissen und betrogen.
Sie haben dich zu oft missbraucht,
die Reise war zu lange,
du bist ganz hoch geflogen,
dann bist du wieder abgetaucht.
Sie kamen in der leeren Nacht
Und holten deinen Frieden,
verführten dich zur grauen Odysee.

Du hast es viel zu oft gemacht,
man hat dir nie verziehen,
die steile Fahrt im weißen Schnee,
die Einsamkeit im grauen Leben,
verdrängt die Hoffnung aus dem Licht.
Ich möchte die Sonne mir noch geben,
mit einem Lachen stirbst du nicht

Im Cafe

Na getaner Arbeit - ja da geh ich ins Cafe,
und da treff ich alle, ja auf die ich wirklich steh,
das ist Joe, der stille Träumer, er hat nie Geld dabei
und Marie die heiße Witwe, hat wie immer heute frei.

An der Bar da lehnt Renate, sie hat heut schon viel zu viel,
und am Klo sitzt Jack die Ratte, und spritzt sich sein Glücksgefühl.
Franz der Kellner hat nur Ringe, um die Augen Jahre schon,
doch er rennt wie ein Berserker, für einen wahren Hungerlohn.

Alles ist Ok, alles ist Ok, alles ist OK im Café

Mittags, da sind alle voll, Jack schläft drüben auf der Bank,
Franz der Kellner will kassieren, doch Jack der ist wie immer blank.

Joe hängt wortlos an der Bar, redet nur mit sich allein,
Jeder träumt den Traum des Lebens, doch der wird wohl nie mehr sein.

Alles ist Ok, alles ist Ok, alles ist OK im Café

Alles ist Ok, alles ist Ok, alles ist OK im Café

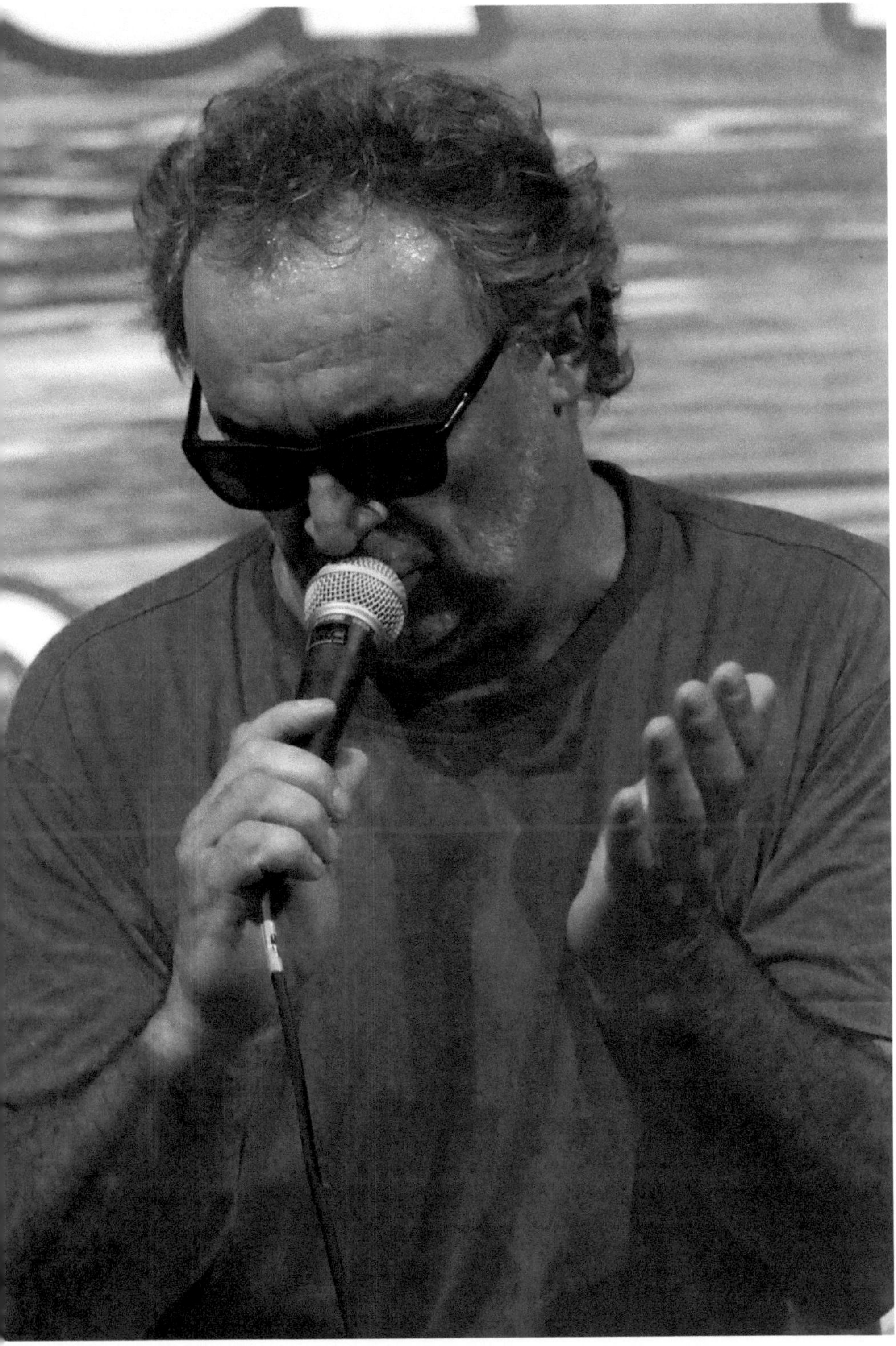

Corrina

Schau Corrina, so vergeht die Zeit,
dein Haar ist lang und die Zukunft ist
Vergangenheit,
irgendwann werden wir uns wiedersehn,
wär schön das zu erleben,
um für Minuten uns a andre Welt zu gebn,
so gaunz allan, ohne Zeit lass i mi falln,
ohne zu wolln.

Schau Corrina, wir finden niemals zsamm,
denn unser Leben, des is nur Illusion,
irgendwann werden wir uns wiedersehn,
wär schön das zu erleben,
um für Minuten uns a andre Welt zu gebn,
so ganz allan, ohne Zeit lass i mi falln,
ohne zu wolln.

Schau Corrina, du derfst net traurig sein,
denn irgendwie loss i di nie allein,
irgendwann werden wir uns wiedersehn,

wär schön das zu erleben,
um für Minuten uns an stillen Trost zu gebn,
so gaunz allan, ohne Zeit und ohne Raum,
so wie a schöner Traum.

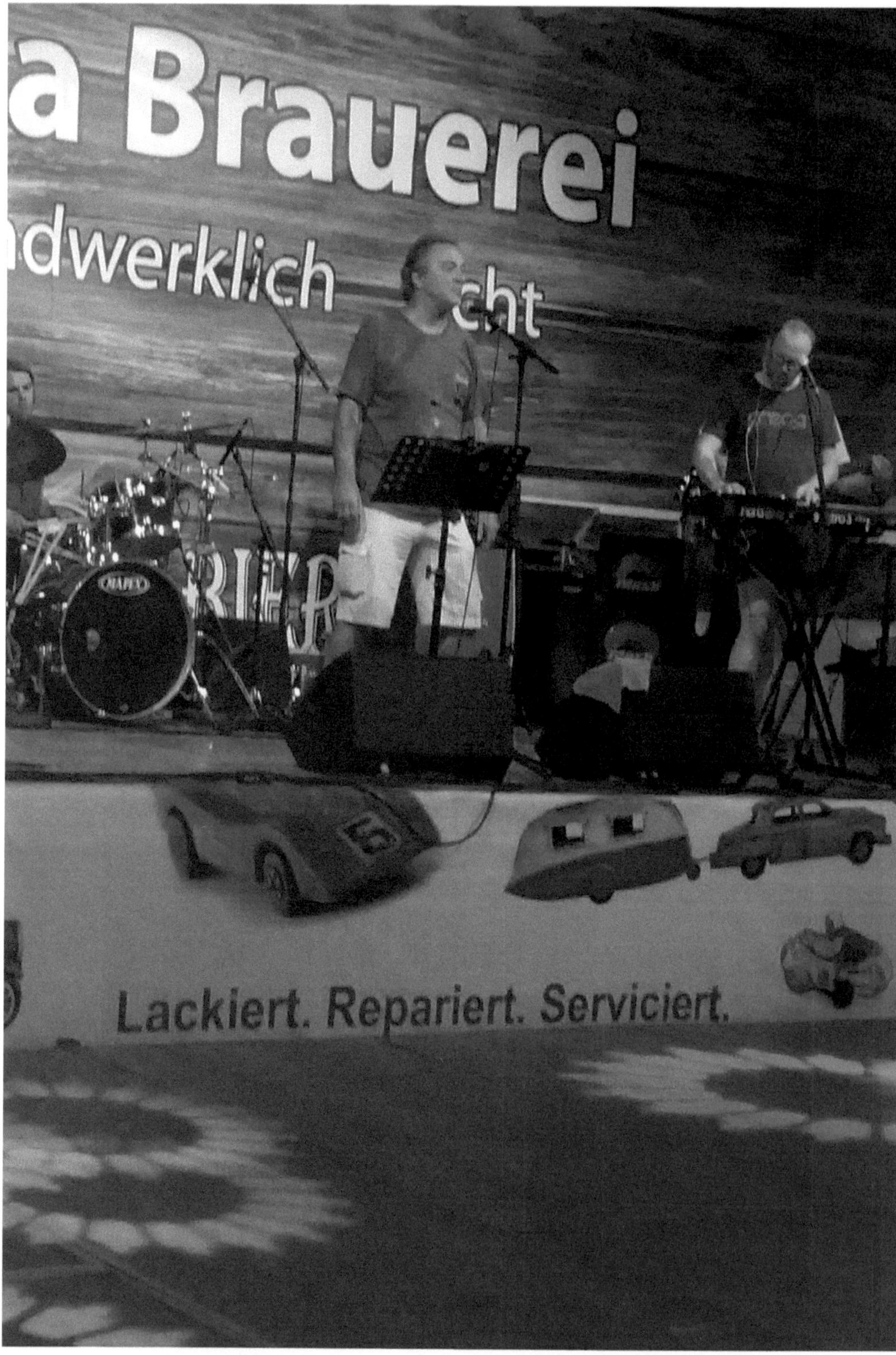
a Brauerei
ndwerklich cht
Lackiert. Repariert. Serviciert.

Dann wird alles gut

Weißt du - dass Traurigkeit weh tun kann,
spürst du, wie Einsamkeit friert.

Ich suche dich, wo bist du nur, ich kann nicht mehr,
ich will nicht mehr, ich will nicht mehr … alleine sein.

Weißt du, wie lang dieser Tag ist,
spürst du, den Atem der Nacht.

Ich komm zu dir, wo du auch bist, ich kann nicht mehr
ich will nicht mehr, ich will nicht mehr … alleine sein.

Ich komm zu dir, wo du auch bist, ich kann nicht mehr
ich will nicht mehr, ich will nicht mehr … alleine sein.

Sag mir doch - wann es wieder hell wird,
Bring mir - die Sonne nach Haus,
Dann wird alles gut,
dann wird alles gut,
dann wird alles gut …

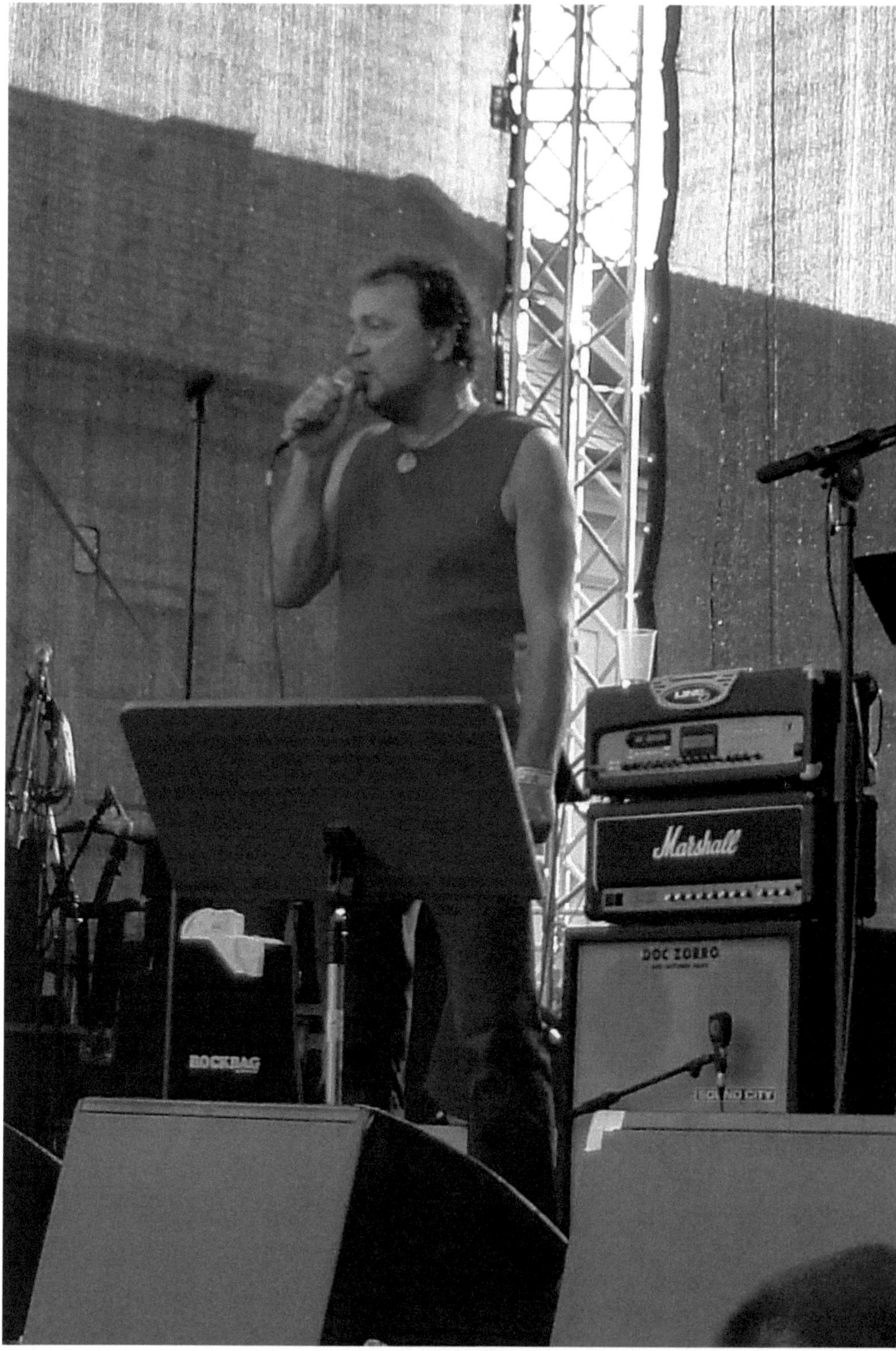
ROCKBAG
Marshall
DOC ZORRO
SOUND CITY

Der kleine Spiesser

Komm her du kleiner Spießer, komm her und bücke dich.
Belecke meine Schuhe und tanze auf dem Strich.
Am Tag da schlägst du Wellen - am Abend deine Frau,
du beugst dich vor der Stärke und nimmst es nie genau.

Doch immer wenn du heimlich die kleinen Mädchen siehst, dann wächst in dir die Spannung und zeigt dich wie du bist.

Ein Video im Zimmer, ein Video für dich, du armes altes Schwein - du bist mir widerlich.

Komm her du kleiner Spießer, du heulst nur in der Nacht, du schlägst nur in der Masse, das hat dich hart gemacht.
Du schreist nach starken Männern, nach Zucht und fester Hand,
und schlägst die Haken gerne - für Volk und Vaterland.

Doch immer wenn du heimlich die blonden Knaben siehst, dann wächst in dir die alte Zeit und zeigt dich wie du bist.

Ein Video im Zimmer, ein Video für dich, du armes altes Schwein - du bist mir widerlich.

Ein Video im Zimmer, ein Video für dich, du armes altes Schwein –
du bist mir widerlich.

Dorothe

Hey Baby, schau,
ich bin ein wirklich fescher Mann,
mit voller Lederhose,
die wirklich alles kann.

Mein Haar riecht nach Heu,
Mein Gesicht so sonnenbraun,
die Augen blau wie Enzian,
ein Mann so wie im Traum.

Hey Baby komm, dass ist meine Disziplin,
ein Schnapserl und die Schussfahrt und du bist mitten-
drin,
beim Apres Ski da brennt das Feuer auf dem Eis,
zum Abschied schenk ich dir ein Edelweiß.

Hey Baby Baby, ich rapp im Pulverschnee,
ich rapp in jeder Hütte und im Bett von Dorothe,
Hey Baby komm, ich schenk dir nochmal ein,
und trinken wir auf heute,
so jung wirst nimmer sein,

Hey Baby komm, vergiss all deine Sorgn,
bei uns in den Bergen, da denkt man nicht auf morgen,
denn da gibt's nur die Alpenseeligkeit
und keiner leidet mehr an Einsamkeit.

Hey Baby Baby, hier ist das Leben schön,
drum wollen wir heut nicht nach Hause gehen,
die Nacht ist schon vorbei,
der Morgen zieht ins Tal,
ich drehe dich im Kreis
und küss dich noch einmal.

Und Morgen, ja - da sag ich dir Lebwohl,
du gehst zurück nach Wuppertal,
es grüßt dich dein Tirol.
Die hohen Berge und der Pulverschnee,
der Seppl von der Alm und der Jagatee.

Hey Baby Baby, ich rapp im Pulverschnee,
ich rapp in jeder Hütte und im Bett von Dorothe,
Hey Baby komm, ich schenk dir nochmal ein,
und trinken wir auf heute,
so jung wirst nimmer sein,

Hey Baby komm, vergiss all deine Sorgn,
bei uns in den Bergen, da denkt man nicht auf morgen,
denn da gibt's nur die Alpenseeligkeit
und keiner leidet mehr an Einsamkeit.

Hey Baby Baby, ich rapp im Pulverschnee,
ich rapp in jeder Hütte und im Bett von Dorothe,
Hey Baby komm, ich schenk dir nochmal ein,
und trinken wir auf heute,
so jung wirst nimmer sein,
Hey Baby komm, vergiss all deine Sorgn,
bei uns in den Bergen, da denkt man nicht auf morgen,
denn da gibt's nur die Alpenseeligkeit
und keiner leidet mehr an Einsamkeit.

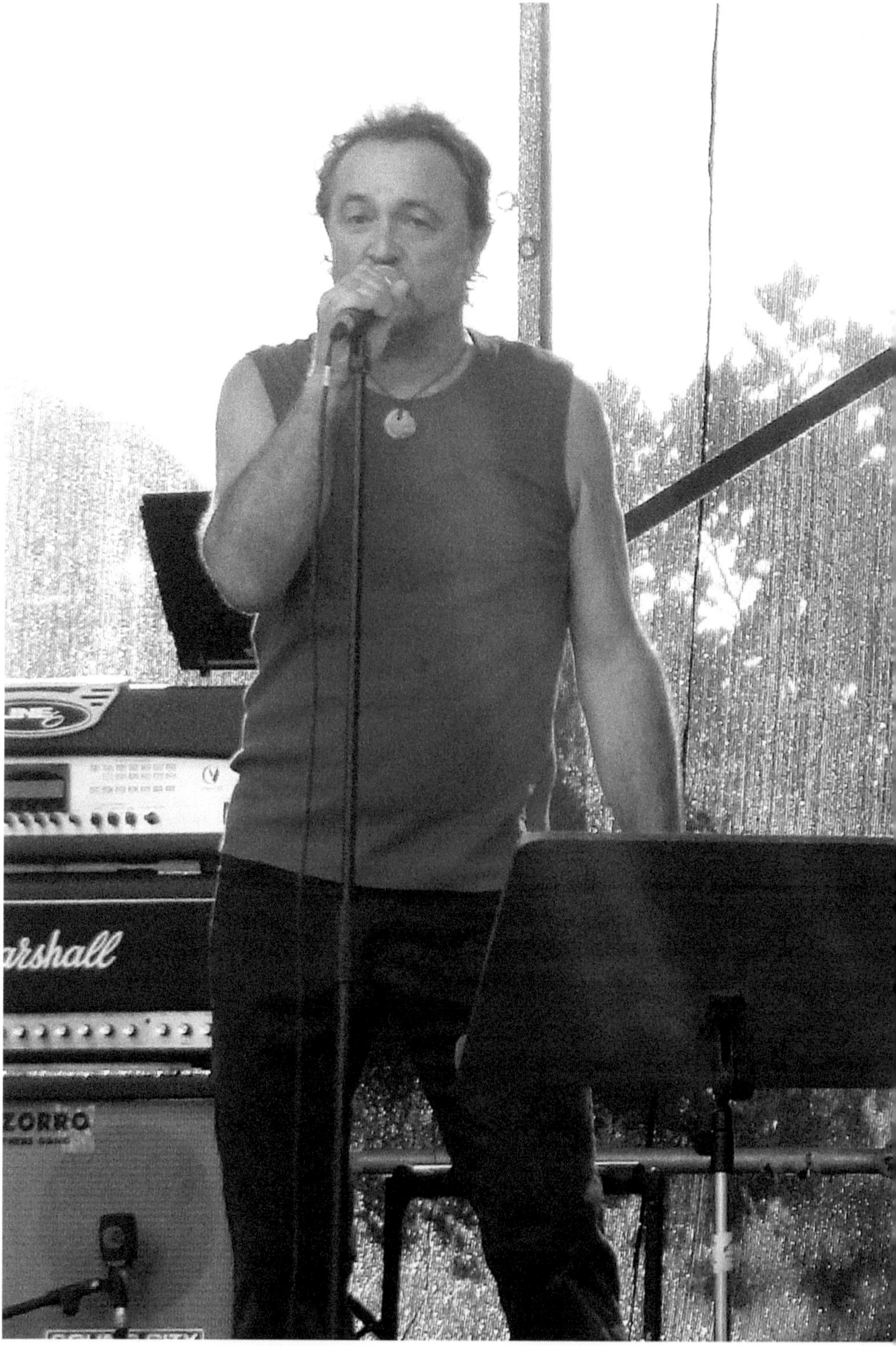
ZORRO

Es war einmal

Es war einmal, i was net mehr,
ein riesengroßes Grün und a blaues Meer.
Es war einmal, a gfühl zwischen d´ Leit,
i was genau, s´ war Zufriedenheit.

Aber jetzt werden wir endlich programmiert,
überzeugt und auf den richtigen Weg geführt,
denn nur der Fortschritt allein,
kann unsere einzige Hoffnung sein.

Es war einmal, a kleiner Mensch,
hat glebt und hot glocht,
hot Dummheiten gmocht,
Es war einmal, a Sehnsucht do,
noch dem wos net gibt, net im Möglichen liegt.

Es war einmal, a großer Baum,
so Grün und schön,
in sein Schatten zu liegn,
Es war amoi ka Faust und ka Gwehr und ka Gwalt,
es war Frieden halt.

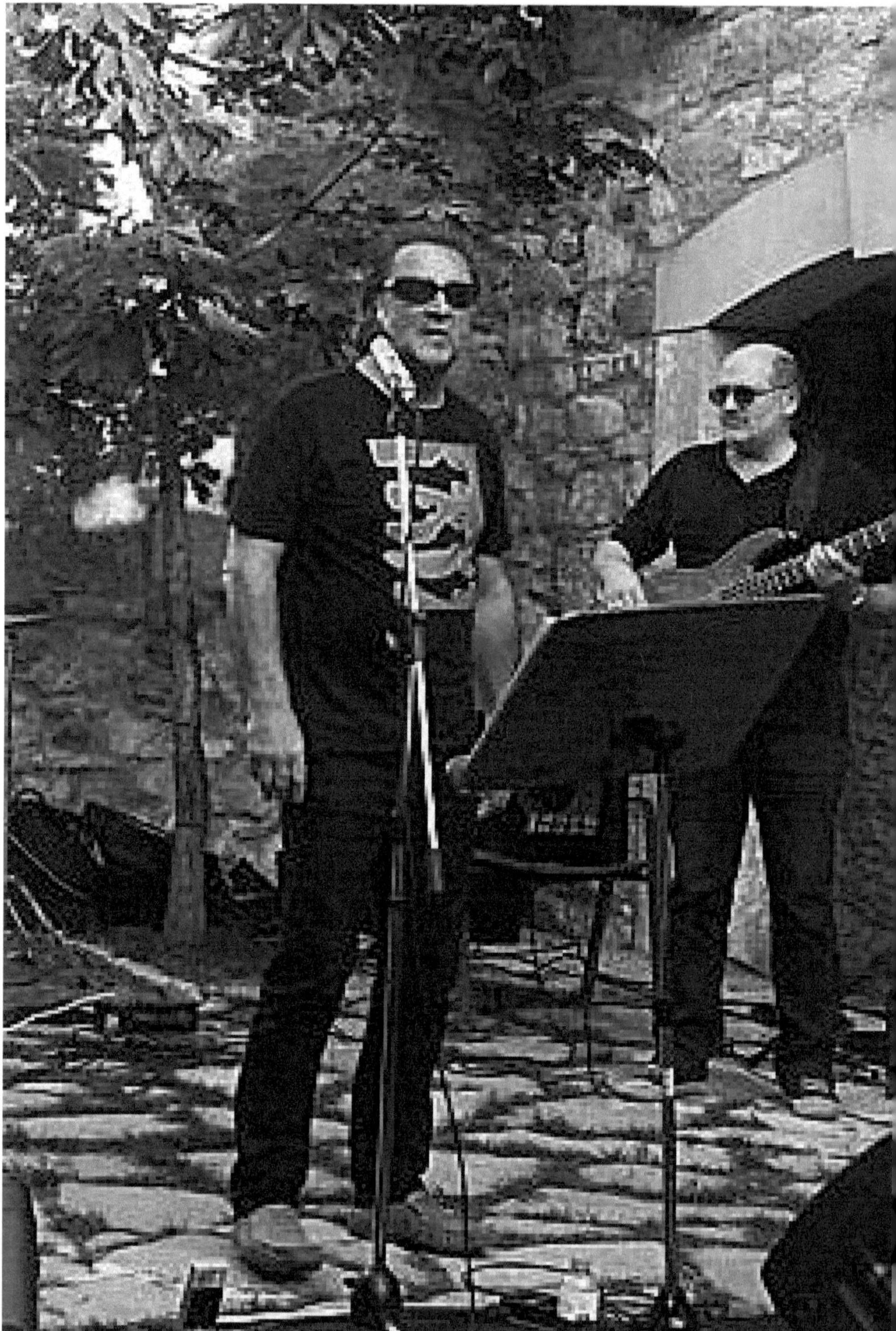

Finale vom Leben

Immer allan, des Gsicht schon voller Faltn,
immer an Stock, sonst kann er sich net hoidn,
er kennt des Leben und er kennt a die Leut,
immer nur zuhörn und schön die Pappn hoidn,
immer nur kirchengehn und s Handal schön brav foitn
immer nur schaun, wenn Aundere vü dazön.

Jo, des is des Finale von Leben,
Jo, des wern man o olle darlebn.

Dei Stimm is scho schwach und beissn kaunst a nix,
die Haar gehn scho aus, doch des mocht dir gor nix,
wenn nur wer bei dir is der red und der locht,
beim lesn tuast dir schwer, denn du brauchst neue Gläser,
Tablettn und Tropf und du fühlst dich glei besser,
wia laung, wia laung derf i noch bei euch sein.

pfiat Gott mei wöd, denn i tritt ab,
und setzt's ma gelbe Blumen auf mein Grob,

und denkts dabei an mi, denn des tuat mir guat,
seids net traurig, denn echer Lebn des geht weiter,
wennst söwa moi gehst, dann wirst vielleicht gscheiter,
und siehst dass der Tod ka ausnahm mocht.

Für uns Zwei

Dankend angenommen, still registriert,
heimlich vorgenommen, nie ganz akzeptiert.
Völlig ohne Sorge hast du für dich erkannt,
ohne viel Worte, nie davongerannt.

All die selben Reden, machen dich nur stumm,
solln sie überlegen, warten ja nur dumm.
Keine stillen Blicke sagen dir wieso,
kleine Missgeschicke führen nach Nirgendwo.

Ohne Nachzudenken hast du es gemacht,
nie hast du bekommen, die mehr nachgedacht.
Kompromisse trennen, nehmen dir so viel,
lassen dich erkennen, Reisen ohne Ziel.

Endlos lange Blicke, führen dich zurück,
damit ich nicht ersticke, warte ich ein Stück.
Marionetten spielen leben, dann und wann,
solln sich übergeben, kleiner stiller Wahn.

Konsequenzen liegen noch im Streit mit dir,
Differenzen siegen letztlich doch nie mehr,
doch die Zeiten sie kommen noch vorbei,
und sie bringen das Neue immer aufs neu,
nur für uns Zwei.

Geil

Alles ist ok, ich bin schon wieder hier,
ich hab euch viel zu lange nicht gesehn,
die tote Zeit sie geht - viel zu schnell vorbei
und leben vor dem Tod, ja das ist schön,
und überhaupt wo ist er, dein tiefer fester Blick
er schlägt mir deinen Atem ins Gesicht
du bist wie mein Register und meine Datenbank,
denn ohne dich zu fassen geh ich nicht.

Wo wo wo ist die Queen der langen Nacht,
die leeren Stunden gehen nie vorbei,
wo wo wo haben wir es nur gemacht,
und Aphrodite küsst mich nun aufs neu.

Hey hey Baby, das ist geil und alle machen ganz auf cool,
hey hey Baby hetero - und ab und zu mal wieder schwul,
hey hey baby du bist drauf und das ist grade wieder in,

hey hey Baby tanz mit mir - weil ich heut der Winner bin.

Alles ist ok, ich bin schon wieder hier,
und jeder Morgen ist ein neuer Blick,
die Transparenz der Sünde, sie lässt mich nicht mehr los,
und nur die stolzen Engel sehen dich,
und überhaupt wo ist sie, die Lust der neuen Nacht,
wo tanzen Phantasien im Abendrot,
du bist wie meine Sucht und meine heile Macht
und ohne dich zu leben macht mich tot.

Wo wo wo ist die Queen der langen Nacht,
die leeren Stunden gehen nie vorbei,
wo wo wo haben wir es nur gemacht ,
und Aphrodite küsst mich nun aufs neu.

Hey hey baby, das ist geil und alle machen ganz auf cool,
hey hey baby hetero und ab und zu mal wieder schwul,
hey hey baby du bist drauf und das ist grade wieder in,
hey hey baby tanz mit mir weil, ich heut der Winner bin.

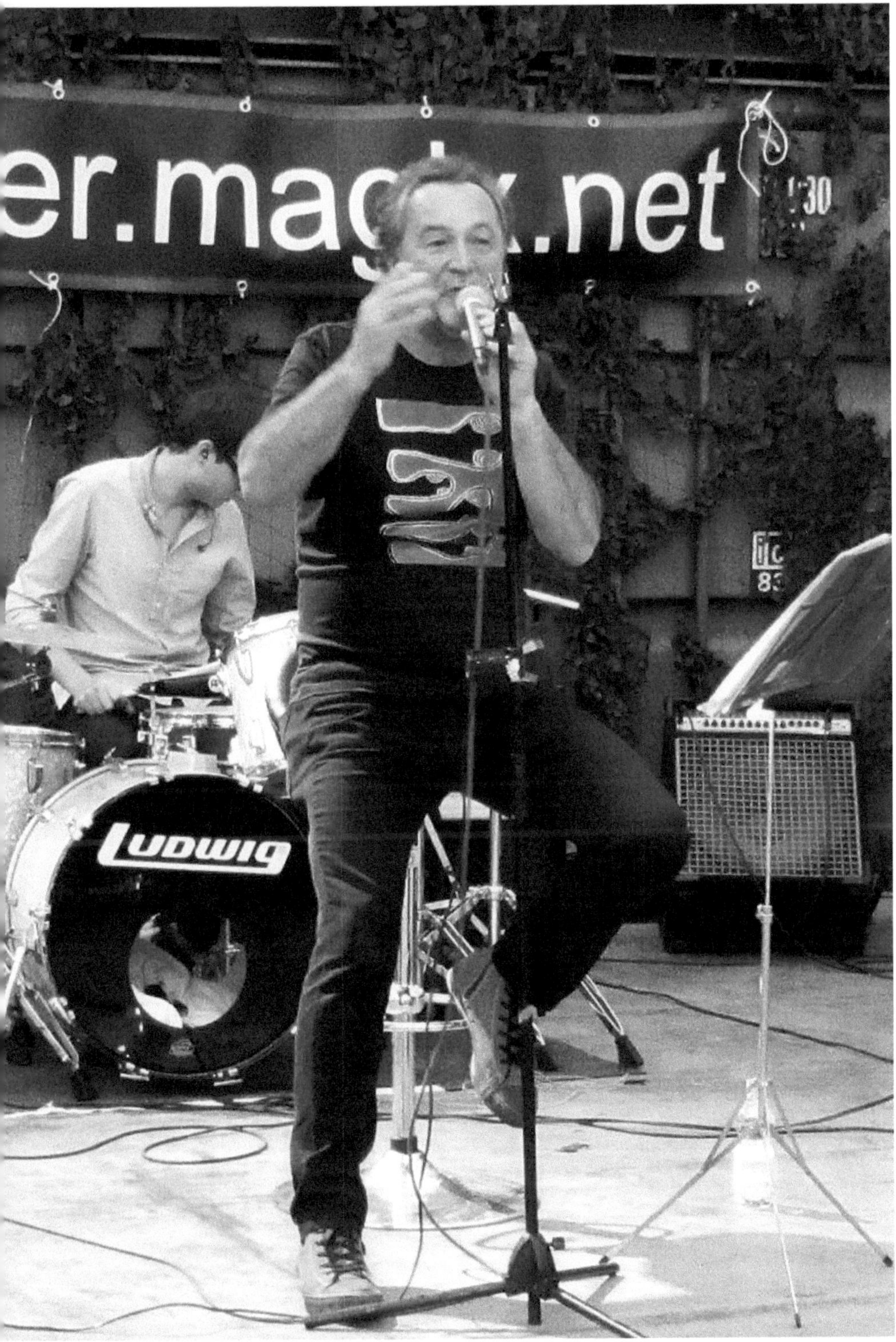
Ludwig

Going home to yesterday

Yesterday is far away I'm thinking of the day and now I see the lonely time was all in vain.

empty lovers dancing in the disco on the floor and girls are moving like the flowers in the rain.

I'm going home to my yesterdays the way life used to be I see my days are coming to an endI'm going home to my life with the shadows and the rain and all the fee-lings of my hope I want to know again.

Drunken guys are passing bye and singing loud the good old songs and when you hear that sound it makes you glad.

All of those young faces they are looking to the sun and how they hope for them these times will never change
My old friend don't ask me why the sun I feel today is not as warm as was the moon of my old night

Is this time a falling stone a haunted lonely child alone forever crying out for what's his right .

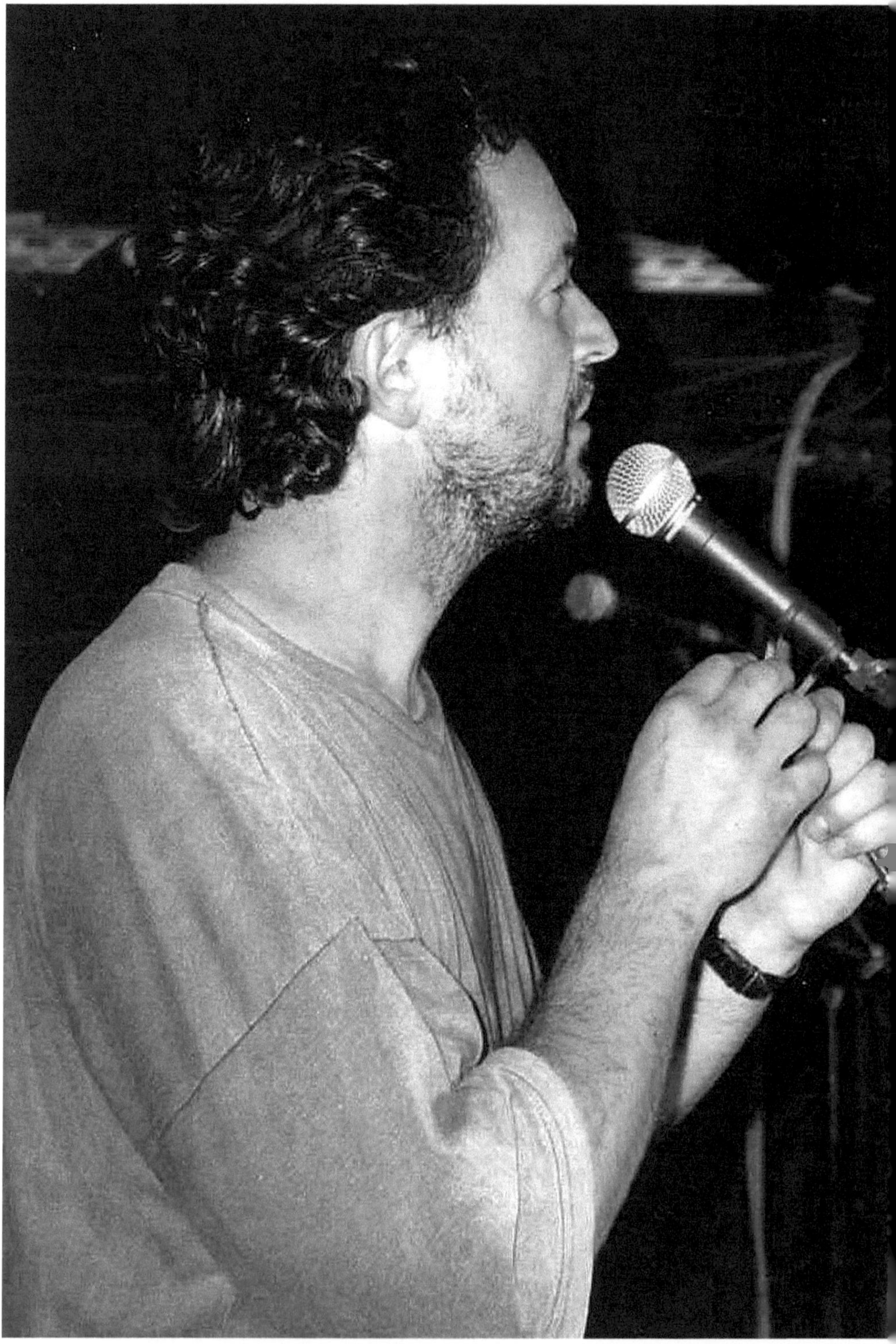

Griechenland

Sonnensturm liegt auf der Mauer, Fischgeruch am Horizont,
alles steht und keiner läuft hier, und das Meer küsst deinen Mund.
Was ist Geld und was ist hetzen, was ist Morgen für ein Tag,
alte Männer in Tavernen, dass ist das was ich so mag.

Griechenland, Griechenland, Griechenland, Griechenland

Alte Frauen auf Eselsrücken, ziehn vorbei die Zeit steht still,
und die Düfte aus den Häusern, sind für mich schon viel zu viel,
Hunde streunen durch die Gassen, und am Hafen sieht man sie,
alte Bärte und Gesichter, von Aristos und Dimitri.

Griechenland, Griechenland, Griechenland,
Griechenland

Ruhe, Zeit und die Gedanken, lassen dich hier nicht allein,
ich will mir das alles geben, und ich werd nicht einsam sein,
denn ab Morgen bin ich wieder, so ganz nah am blauen Meer,
und es klingen von Tavernen, alte Lieder zu mir her

Griechenland, Griechenland, Griechenland,
Griechenland

Hannelore

Ja früher da warst du, so unsagbar schön,
Die Hüften wie Wellen, und ein bisschen obszön,
und deine Lippen, versprachen so viel,
die Glut deiner Augen, war ein heißes Spiel,
Schwarze Locken, flogen im Wind,
ein Blick er genügte, und alle waren blind.

Ach Hannelore, du willst nur Amore, am Sand und am blauen Meer,
am Lago Maggiore, nur Amore, mit Latino Millionär,
ach Hannelore, du willst nur Amore, in Capri und Jesolo,
mit Matadore und Briatore, am Strand von irgendwo.

Und heute da bist du, geformt und genäht,
die Titten gefüllt, und der Arsch aufgebläht,
die Lippen gespritzt, und die Augen gezupft,
die Zähne aus Ungarn, und die Bluse getupft,
geschminkt und gepudert, fast ordinär,
ist alt zu werden, denn wirklich so schwer.

Ach Hannelore, du willst nur Amore, doch es geht nicht mehr,
nur am Neufelder See, oder Amore, mit Frühpensionär,
ach Hannelore, du bekommst nur Amore, nach Operation,
mit Janosch und Istvan, am schönen fernen Balaton.

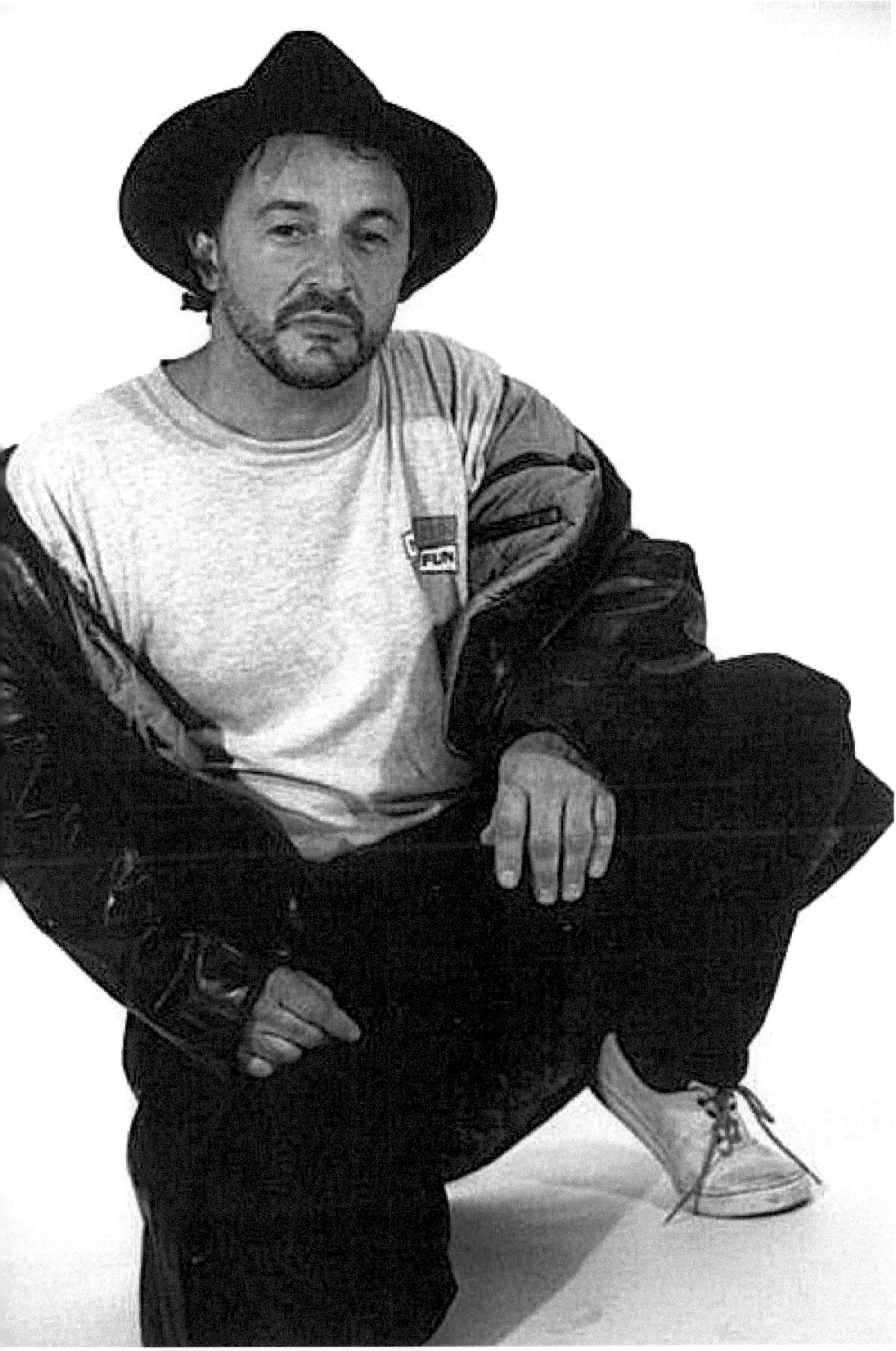
FUN

Hass

Dein Hass ist mein Stolz und dein Kopf ist aus Holz,
oh yeah
du kapierst einfach nichts,
du schreist einfach was die andren schreien und liebst die Gewalt,
Und allein bist du klein, hast nur Angst vorm Anders-sein,
oh yeah
und es ist dir nicht klar,
du liebst die Zeiten so wies einmal früher war.

Doch eins weisst du nicht, wär die Welt wie du sie willst,
oh yeah
dann wärst du als erster dran,
auf dem Schlachtfeld der Diktatur so wie es mal begann.

He Junge

He Junge, es liegt mir schwer auf der Zunge,
ich kanns nicht glauben, es ist wahr,
wieder ist vorbei ein Jahr.

He Junge, es liegt mir schwer auf der Zunge,
die Zeiten sie verändern sich, wie uns alle,
so auch mich.

Die Zeit ist gnadenlos ich weiß, drum nimm es hin und denk nicht dran
Die Jahre sind kein Recht und kein Beweis, dass man es richtig macht, schon irgendwann,
und all die Fehler, wenn sie´s waren, sie sind vorbei und ich weiß,
ein Tief bringt mehr in all den Jahren, es macht dich stark und auch sehr weich.

He Junge, es liegt mir schwer auf der Zunge,
ich kanns nicht glauben, es ist wahr,
wieder ist vorbei ein Jahr.

He Junge, es liegt mir schwer auf der Zunge,
die Zeiten sie verändern sich, wie uns alle,
so auch mich.

Und jeden Tag beginnt es neu, es lässt mich immer aufbegehren,
mein altes Schicksal bleibt mir treu, ich kann mich nie gegen Liebe wehren,
und wie soll ichs anders machen, und neu beginnen ohne Qual,
die Mächte müssen drüber lachen, gibt es mich wirklich nur einmal.

He Junge, es liegt mir schwer auf der Zunge,
ich kanns nicht glauben, es ist wahr,
wieder ist vorbei ein Jahr.

He Junge, es liegt mir schwer auf der Zunge,
die Zeiten sie verändern sich, wie uns alle,
so auch mich.

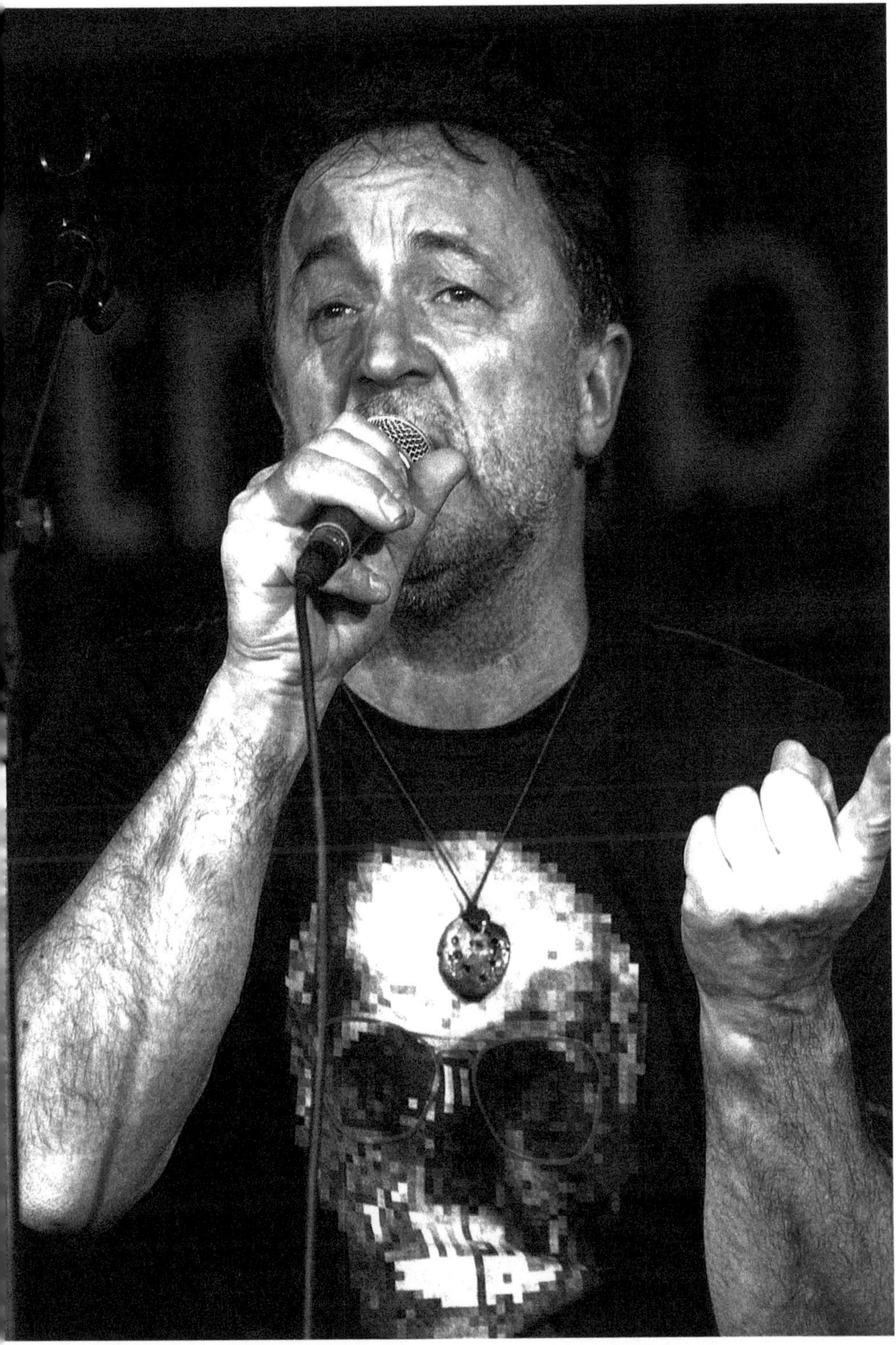

Hey Sunny

Hey Sunny, Sunny, des Leben is so leinwand mit dir,
kanns net erklärn aber i gspür,
du bist a Wahnsinn jeden Tag und jede Nacht, owa wia
Schon allan, wenn i dich seh,
tun mir meine Augen weh.
Sie fressen deine Wahnsinnsgestalt,
a jede andere lasst mi kalt,
schon allan wenn i dich gspür,
is es total gschehn mit mir,
die Selbstbeherrschung ist dahin,
weil i wie Eis in da Sunn zerrin.
Schon allan dein tiefer Blick,
wirft mich meterweis zurück,
deine Hände zärtlich mild,
machen mich dann völlig wild.
Hast mich völlig in der Hand,
setzt mich reihenweis in Brand,
machst mich einfach willenlos,
ausgeliefert, atemlos.

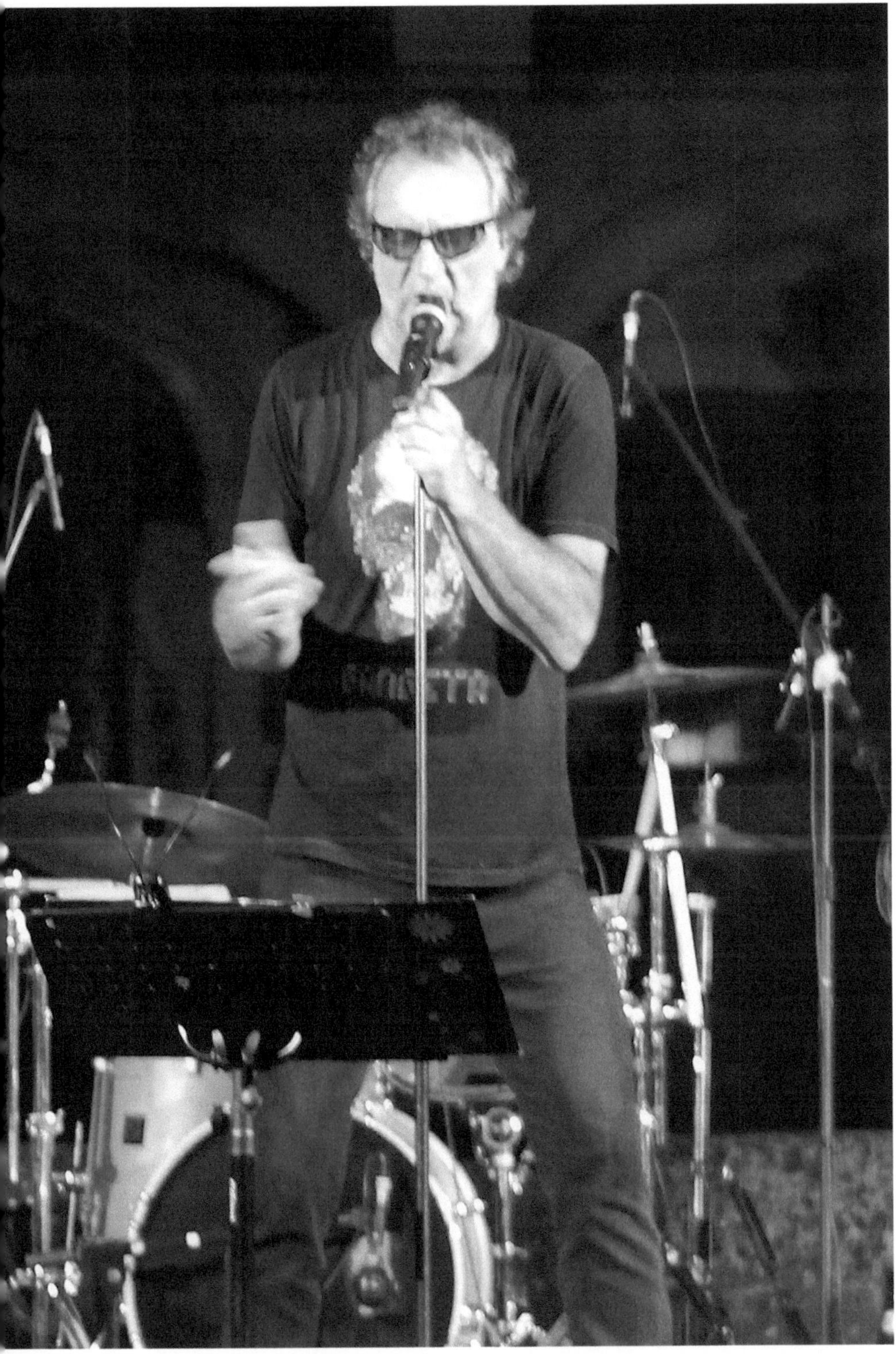

Ich hab ja Euch

Morgenglocken, die Nacht ist zu ende,
Phantasien beschmieren die Wände,
Kleinkariertes wird immer Größer,
Pflichtbewusstsein macht mich nur nervöser.

Zeitungsenten, die werden gefressen,
Korruptionen, die werden vergessen,
Dilletanten hinaufgehoben,
um nach unten sich auszutoben.

Grünemotionen ignorieren,
am Wochenende den Wald demolieren,
Türme der Macht aufzubauen,
kontrollieren, alles niederzuhauen.

Emotionen still ignorieren,
Kreativitäten katalogisieren,

Aber i hab ja euch, ihr werds mas schon sagen,
ihr werds mi schon lenken,

werds nit verzagen,
Ich hab euch für alle Probleme,
fürs Guate und Schene,
Jo, do hob i euch.

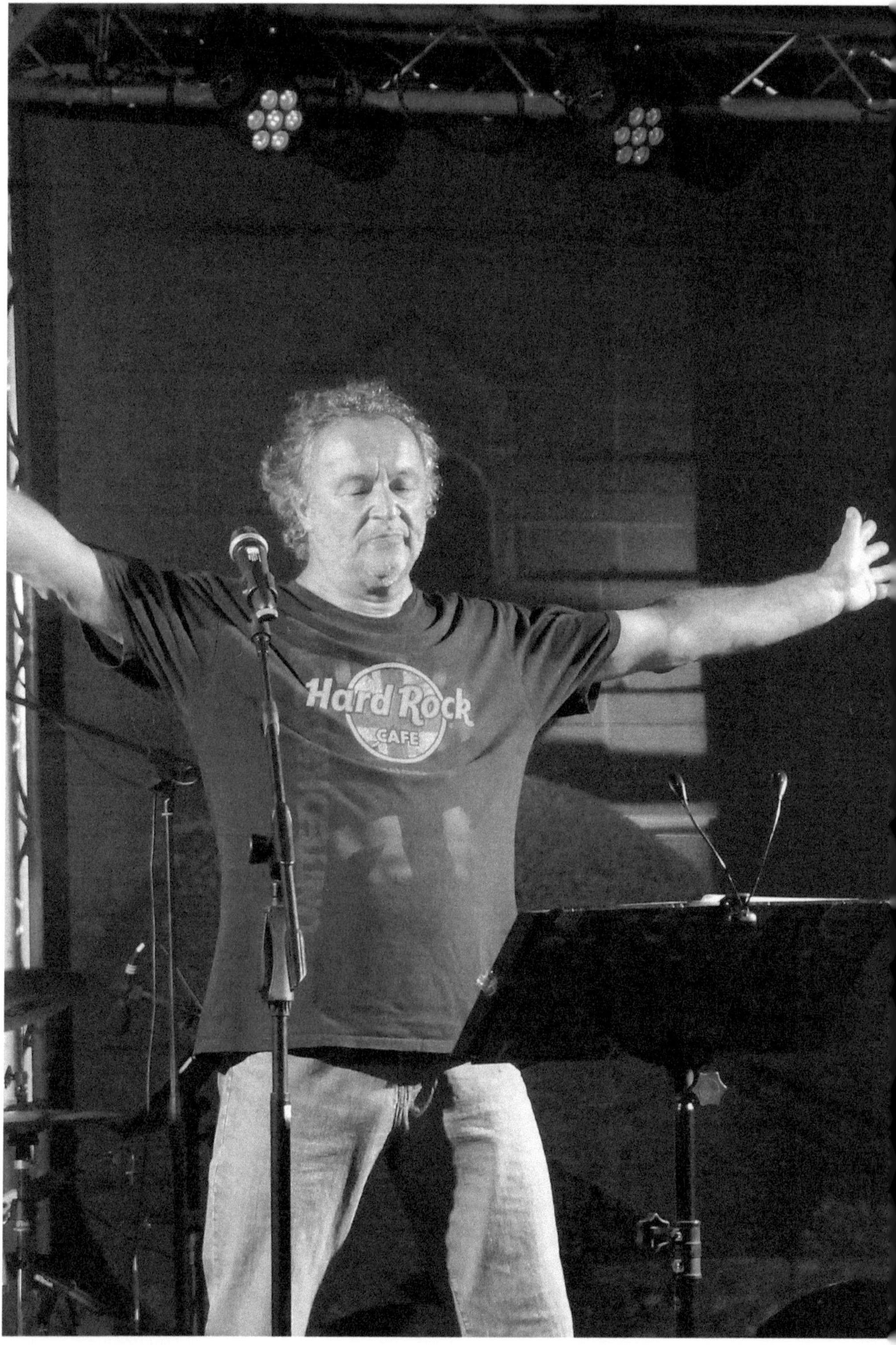
Hard Rock
CAFE

Ich bin´s nicht

Ich bin´s nicht Baby, ich bin es wirklich nicht,
Ich bin nicht dein Mann, den du dir versprichst,
Ich bin´s nicht Baby, der Harte im weichen bett,
Ich bin nicht dein Heroe, für Tage auf nett,
Ich bin´s nicht Baby, für sonnige Holidays,
für sternklare Nächte am tiefblauen Meer,
Ich bin´s nicht Baby, der niemals Trauer trägt,
Der immer nur lacht, auch wenn andere schreien.

Ich bin der Mann mit den Tränen im Haar,
Mit dem Blut in den Augen, du kannst es nicht glauben,
Ich bin so völlig anders als du,
Doch du wirst nie verstehen, du kannst es nicht sehen,
ich bin für dich völlig unsichtbar,
das Äußere nur mehr wahrnehmbar.

Ich bin´s nicht Baby, ich bin es wirklich nicht,
Ich bin nicht dein Mann mit dem harten Gesicht,
ich bin´s nicht Baby, die Hand in der kalten Nacht,
ich bin nicht das Lachen, das dich fröhlich macht,

Ich bin es nicht, der dich hält wenn du gehst,
Ich bin nicht der, den du verstehst,
Ich bin nur ein Fremder in deiner Welt,
ein einsamer Mann, dem die Liebe fehlt.

In meinem Leben

I mog net mehr nur immer bei euch sein,
i will amoi mich selbst von mir befreien,
und will die oidn Werte kontrollieren,
soll dabei die Wahrheit net verlieren,
denn im Neonlicht der Zeit, lass ich dich net gehen,
die Nacht ist längst vorbei,
wir werden uns irgendwann doch wiedersehn
... in meinem Leben,
... in meinem Leben,
... in meinem Leben.

Ich mog net mehr nur Marionettn sein,
die heimlich kotzn und laut dann bravo schrein,
ich will das stille Recht mir wiedergeben,
das Lebenswerte echt noch zu erleben,
denn im Regen der neuen Zeit,
da lass ich dich net stehn,
der Traum ist längst vorbei,
wir werden uns irgendwann noch eingestehn.

... in meinem Leben,
... in meinem Leben,
... in meinem Leben.

Ich kann nicht mehr die Schreie überhören,
ich lass mich nicht von Worten mehr betören,
die Polonaise der Macht dreht sich im Kreis,
und stumme Puppen tanzen auf Geheiß,
denn im Rhythmus dieser Zeit,
da lass ich dich nicht gehen,
marschieren ist längst vorbei,
ich will einmal die Sunn noch aufgehn sehen.

... in meinem Leben,
... in meinem Leben,
... in meinem Leben.

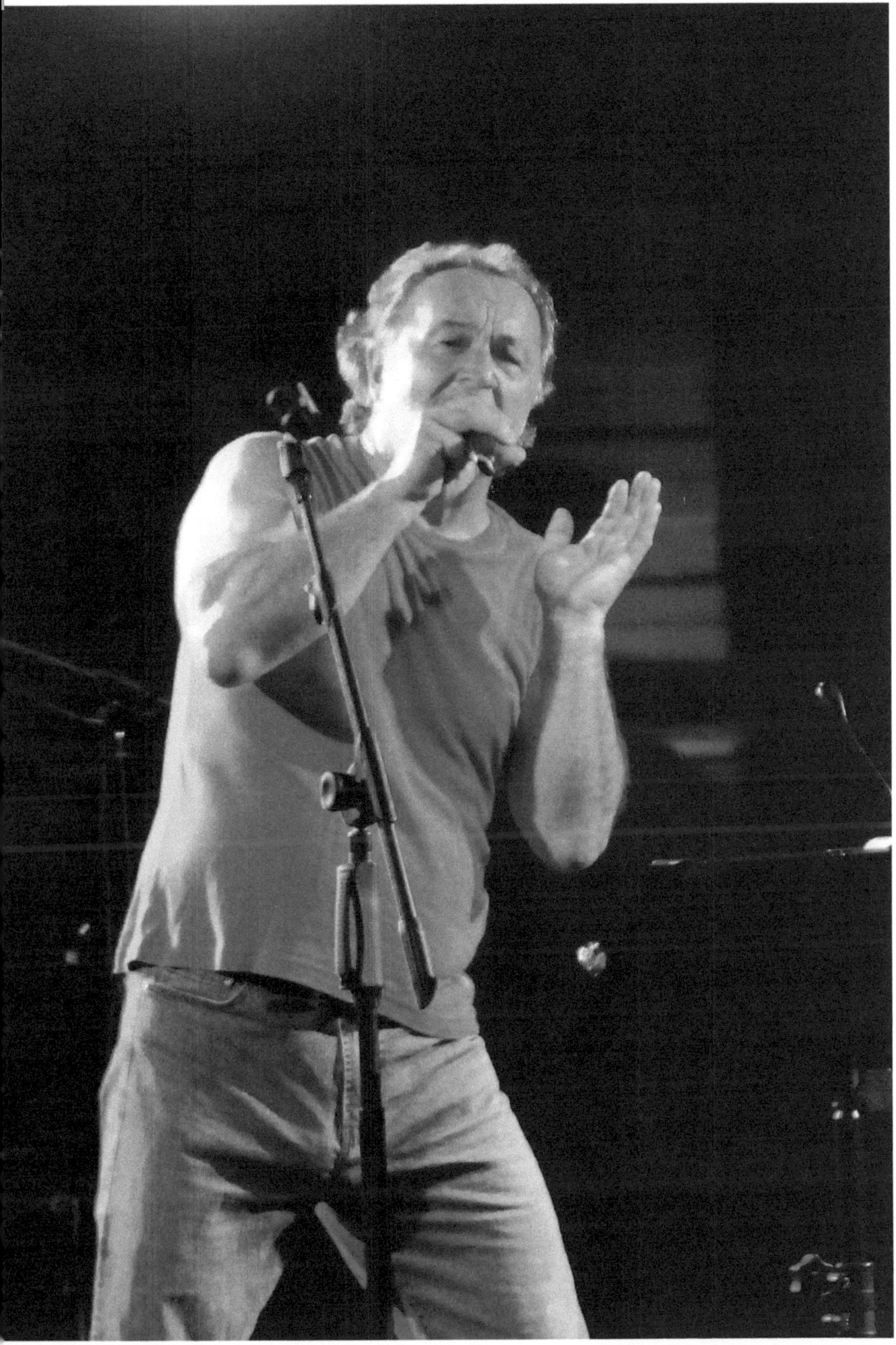

Kleine Ballerina

Kleine Ballerina, komm und tanz nochmal,
dreh dich im Kreis vor Spießbürgermoral,
du darfst nicht zerbrechen, sie lassen dich nicht los,
und gib keine Versprechen, denn sie sind schranken-
los.

Lass dich nicht fassen, sonst bist du nicht mehr frei,
das ist dein Tanz und lache stets dabei.
Aber in der Nacht, da bist du ganz allein,
nur wenn du lachst, wollen alle bei dir sein.

Kleine Ballerina, nie zeigst du dein Gesicht,
dein zartes Lächeln, das verrät dich nicht,
schwingende Arme, sie kreisen wie im Flug,
der Tanz ist dein leben und du kriegst nie genug.

Lass dich nicht fassen, sonst bist du nicht mehr frei,
das ist dein Tanz und lache stets dabei.
Aber in der Nacht, da bist du ganz allein,
nur wenn du lachst, wollen alle bei dir sein.

Kleine Ballerina, die Lichter sie gehen aus,
und du trägst den Traum deines Lebens mit dir nach Haus,
die Nacht wird dich fassen und lässt dich nicht mehr los,
behält dich bis zum Morgen und macht dich seelenlos.

Lass dich nicht schweben, sonst bist du nicht mehr frei,
das ist dein Leben, drum tanze stets dabei,
aber dann am Morgen, da bist du nicht mehr allein,
nur wenn du tanzt, kannst du ganz glücklich sein.

Knixerlmacher

Nur net aufregen, nur net mucken,
net zu viel fragen,
nur net anders sein und net zu viel fragen,
aber Knixerlmachen kann i net,
do krieg i zittrige Knia,
owa nur wer heut sein Knixerl macht,
der kriagt auch was dafür.

... na na, i net

Nur net hinschaun, nix host gsehn,
wenn irgendwos passiert,
höchstens deppart goffn,
wenn irgendwer krepiert,
nur ganz fest applaudiern,
wann olle dafür san,
owa sonst die Pappn hoidn,
als treuer Untertan.

... na na, i net

und es kerat und man solltat,
und wie wärs mit dem,
100 Vorschläg hot a jeder,
fürs Ignoriersystem,
es hörn si olle so gern reden,
doch leider bleibst dabei,
es ist hoit immer so schon gwesen,
nix gschehn und viel Geschrei.

... na na, i net

Und des Alter und des Alter,
bricht so manchen schnö,
aber wennst im Hirn a junger bleibst,
des hoit di in die Höh,
es gibt nix ärgers auf da Wöd,
am End zu resignieren,
und ollas wos du gmocht hast,
is Schrein und Kritisieren.

... na na, i net

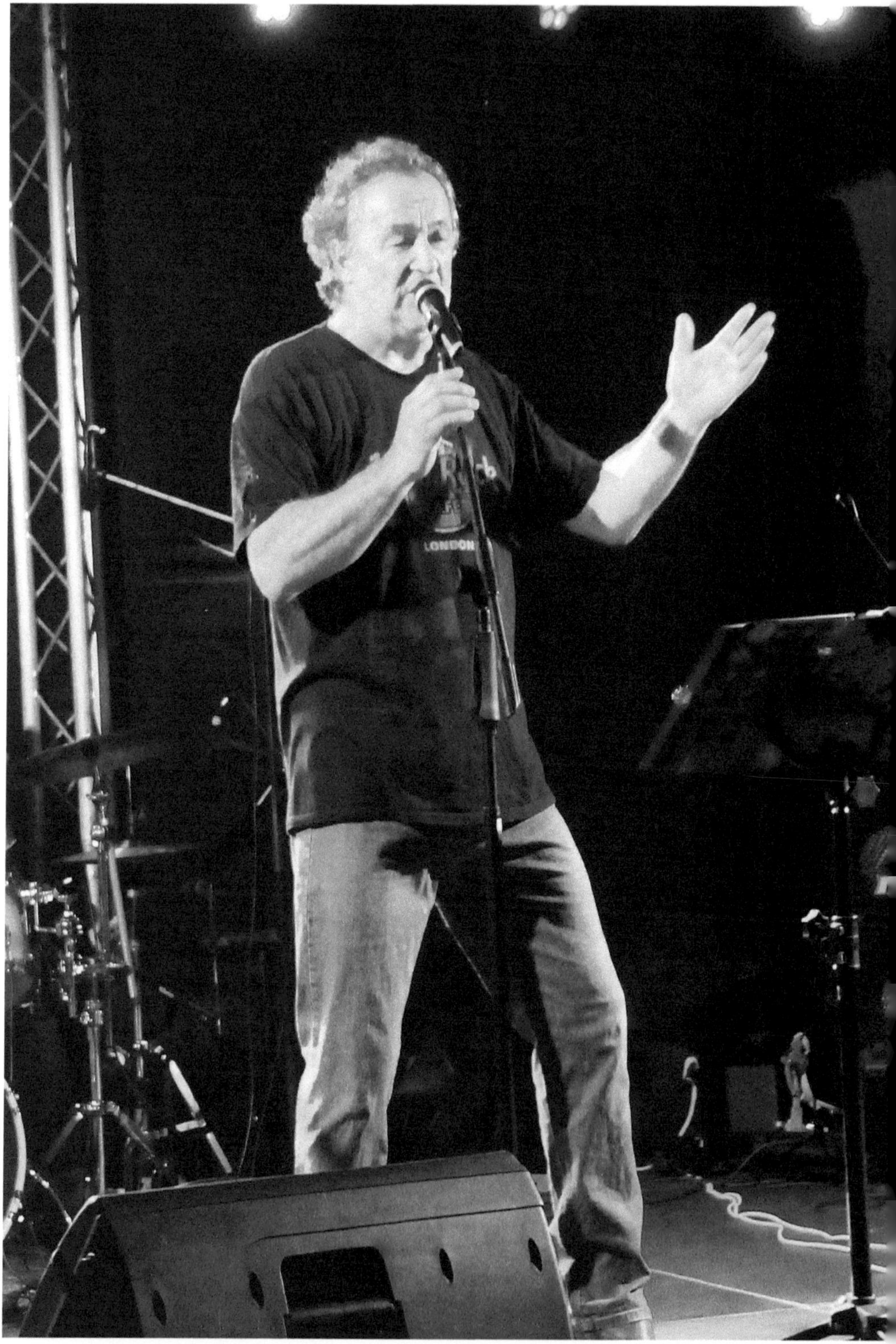
LONDON

Lass Mich

Starke Worte, große Lässigkeit,
über drüber, cool zu jeder Zeit,
selbstgefällige Inkarnation,
Bussi-Bussi Generation,
vorgekautes Gesprächsvokabular,
Mittelpunkt jeder Tussi-schar,
Lifestyle durchgelebt bis zum Exzess
heute no und morgen yes.

Na na na ...
lasst mich doch alle in Ruh mit eurem Leben ...
das kann mir wirklich gar nichts geben.

Hängen sich nur an wo's was zu ernten gibt.
bumsen alles weg, was sich ergibt,
im Abfallkübel der Szene-dodelei,
sind sie immer live dabei,
das Surfbrett auf dem schwarzen Cabrio,
Ray Ban auf dem Schädel und Tatoos auf dem Popo,
das Wochenend im nahen Ibiza,
und Cash dafür vom Herrn Papa,

Na na na ...
lasst mich doch alle in Ruh mit eurem Leben ...
das kann mir wirklich gar nichts geben.

Clubbing Szene und Beislkultur,
Opportunismus als Staatsprofessur,
bewegt man sich im Dunstkreis der Macht,
Chefpartie der blauen Nacht,

Die Zeiten sind vergangen, geändert hat sich nichts,
noch immer suchen die Motten stets das Licht,
die Revolutionäre längst vergangener Zeit,
machen sich auf Wohlstandsärschen breit.

Na na na ...
lasst mich doch alle in Ruh mit eurem Leben ...
das kann mir wirklich gar nichts geben.

Na na na ...
lasst mich doch alle in Ruh mit eurem Leben ...
das kann mir wirklich gar nichts geben.

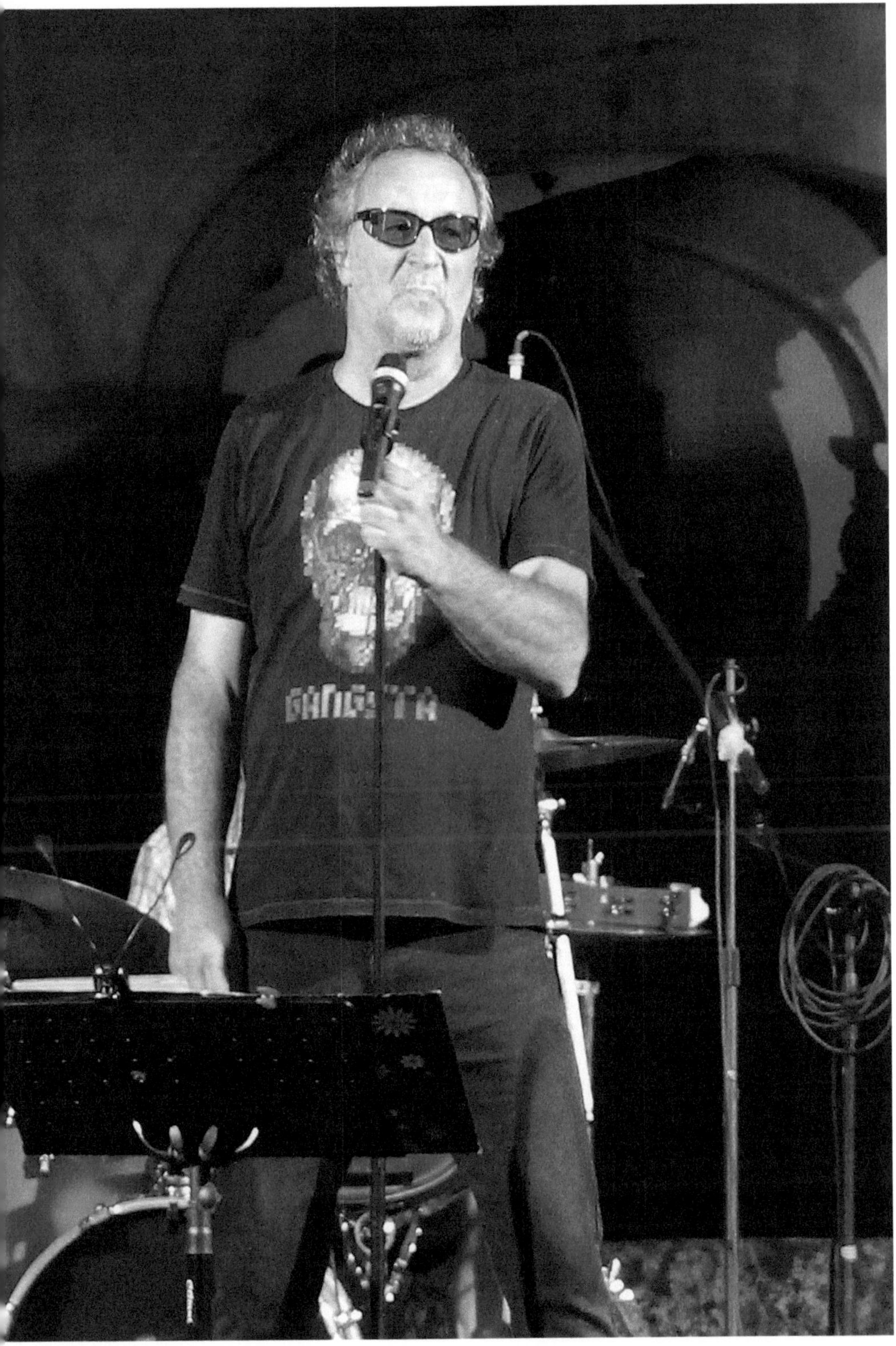
GANGSTA

Liebes Leben

Liebes Leben – komm, gib mir an Tag,
an dem i alles sog was i fühl,
Liebe Nacht - geh, gib mir an Stern,
wo i mechat leben mit dir so gern.

Liebes Leben – komm, gib mir an Tag in mein Leben,
komm – gib mir an anzign Tag.

Lieber Mond – geh gib mir an Traum,
in dem kann i fliagn hoch über d Wöd,
Liebe Sun – geh, gib mir an Strahl,
und warm auf mei Sö, damit i net fall.

Lieber Wind – geh suach mir an Plotz,
auf dem i sei derf – so wia i wüll,
Lieber Tod – i was, es muas sei,
amoi is vorbei,
i hob des im Gfühl.

Linda Babe

Schwarze Locken fallen ins Dekollete,
goldbehängter Hals so weiß wie Schnee,
kopfnickend lächelnd und charmant,
ganz als Dame bist du uns bekannt.
Ja der Duft der großen Welt,
der hüllt dich täglich ein,
nie hat man das Gefühl, du kannst traurig sein.

Schwarze Locken jung und vielbegehrt,
alte Jeans, vergnügt und unbelehrt,
trotzig, aggressiv und ohne Blick,
auf die Jahre, die so weit zurück,
ja der Duft der großen Welt,
der nebelt dich nur ein
und du hast das Gefühl trotzdem allein zu sein.

Schwarze Locken, nass und schmutzig rot,
liegt dein Körper, ausgehaucht und tot,
starr und ohne Leben ist dein Blick,
lässt du alles hinter dir zurück.

Ja der Duft der großen Welt,
der hat dich nur zerstört,
und hat dich nie erkannt,
wohin du eigentlich hast hingehört.

London

Der Duft alter Zeiten
begleitet dich schwer,
ein Hauch von Seele
im Riesenhäusermeer,
entrückt dich um Jahre
lässt dich nicht allein,
allein in London, um nur du zu sein.

Der Duft vieler Länder,
lässt dich nicht mehr los,
ein Hauch von Liebe
ist nicht seelenlos,
entrückt dich um Jahre
lässt dich nicht allein,
allein in London, um nur du zu sein.

Der Duft jeder Hoffnung
richtet dich auf,
du nimmst statt der Sonne
den Regen in kauf,

du nährst dich von Momenten,
vom ewigen Grau,
allein in London
und du weißt es genau.

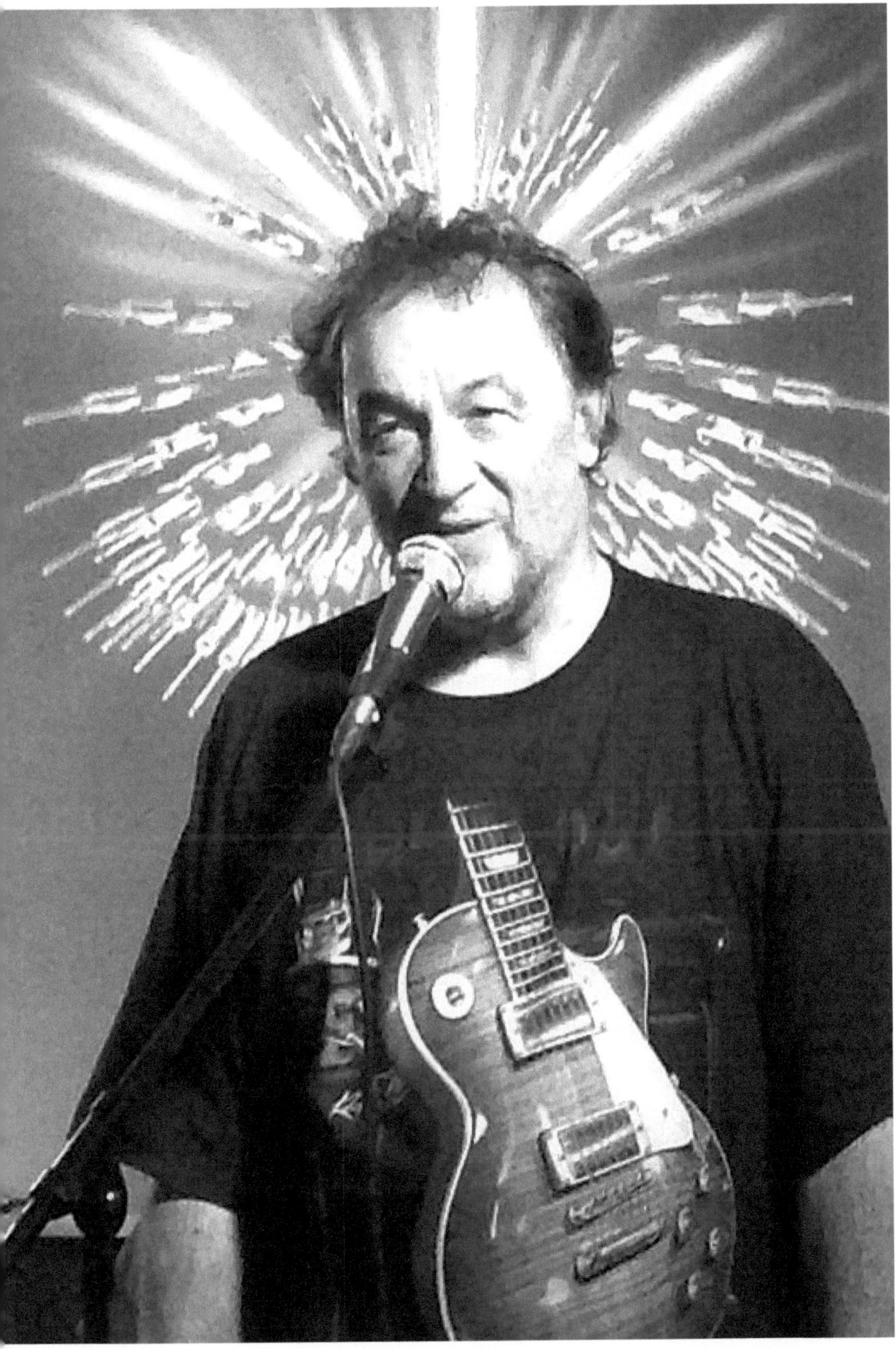

Madlene

Irgendwie hätt ich mir's nicht gedacht,
doch du hast mich einfach angelacht,
Centre Pompidou am Carousell,
auch ohne Worte verstand ich dich schnell,
du hast nicht gefragt, warum und wieso,
deine Lippen waren, wie von Brigitte Bardot.

Hey, Hey Madlene, sie war'n wirklich schön,
die wenigen Tage - mit dir an der Seine.
Hey, Hey Madlene, wir kannten uns kaum,
doch trotzdem war alles so schön wie ein Traum.

Paris bei Tag und Paris in der Nacht,
es war ganz egal, es hat uns gar nichts ausgemacht,
und auch den Regen bemerkten wir kaum,
dein nasses Gesicht war zart wie ein Flaum,
da gibt es Momente zwischen Glas und Asphalt,
und keine Berührung, die lässt dich kalt.

Hey, Hey Madlene, sie war'n wirklich schön,
die wenigen Tage - mit dir an der Seine.

Hey, Hey Madlene, wir kannten uns kaum,
doch trotzdem war alles so schön wie ein Traum.

Charles de Gaule - Airpot um vier,
zwei schmerzende Seelen kämpfen in dir,
zu Hause da warten sie auch auf dich,
sie lieben dich genauso, ganz sicherlich,
du drehst dich nur um und siehst ihr Gesicht,
ihr glückliches Lachen, das verstehst du nicht.

Hey, Hey Madlene, sie war'n wirklich schön,
die wenigen Tage - mit dir an der Seine.
Hey, Hey Madlene, wir kannten uns kaum,
doch trotzdem war alles so schön wie ein Traum.

Marie Susanna

You are well known everywhere,
And all the guys they revere,
When you come to stage,
In your unknown age,
you mean the feeling of being free,
Jumping around like a bee,
sometimes you stab in my heart,
not too soft and not too hard,
you never really hurt,
you´re my mysterious bird

OOH, MARIE Susanna
You´re the Queen of Havanna
You are my Fata Morgana
OOH, MARIE Susanna
from Hawaii to Guyana
you are the dream of the summer
OOH, MARIE Susanna

You are the rising sun and the moon,
and I will be with you so soon,
you are the sunshine in the night
my inner heat inside,
and you know it very well,
this is what I always tell,
you are my caribbean queen,
my endless evergreen.

OOH, MARIE Susanna
Maria Susanna
OOH, MARIE Susanna
Maria Susanna
OOH, MARIE Susanna
Maria Susanna ...

You´re the Queen of Havanna
You are my Fata Morgana
OOH, MARIE Susanna
from Hawaii to Guyana
you are the dream of the summer
OOH, MARIE Susanna

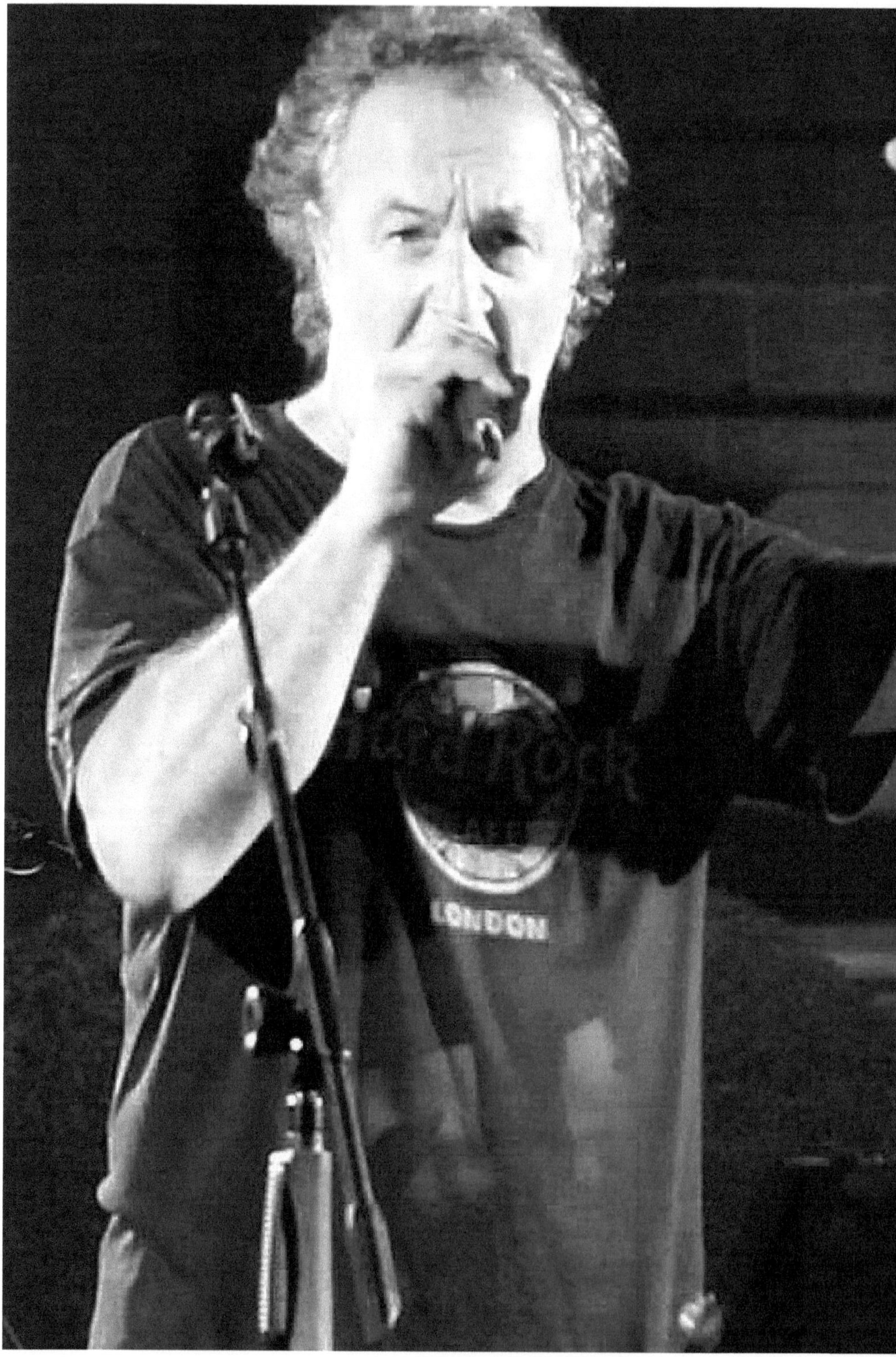
LONDON

Mein Lied für dich

Mein Lied für dich ist voller Schmerz und Leid,
ich habe es nicht geschrieben, es ist geflossen,
mit einem Hauch von Traurigkeit,
die Zeiten sind verflossen.

So wie ein kleiner Tod, ist alles nun gekommen
und hat mich leer und kalt gemacht,
es hat das Liebste mir genommen,
und raubt den Schlaf mir in der Nacht.

Den Schmerz hat immer der, der alleine ist
und Liebe lässt sich nie erpressen,
du bist für mich ein Teil von mir,
mein Leben wird dich nie vergessen.

Es ist noch nie jemand gelungen,
sein eigens Glück dort aufzubauen,
wo anderes Leid sich offenbart,
so wie ein Stein, so furchtbar hart.

ich habe dich geliebt, begehrt und weh getan
doch wie soll ich´s ändern, sag es mir
dein Herz hält sich ganz fest wo anders an,
ich hasse mich so sehr dafür.

Doch alles Leben es geht weiter,
wie lang, ich weiß es nicht,
du warst mein tiefster Herzbegleiter,
mit deinem lieben Rundgesicht.

Die Illusion für unser Leben,
sie war so dünn wie ein Papier,
doch es war schön mit dir zu leben,
ich danke dir ganz fest dafür.

Menschenliebe

Ich liebe sie die Menschen dieser Welt,
auch wenn das Gemeine sie entstellt.
Ich liebe sie, die Starken und die Schwachen.
Ich liebe sie, die weinen und nie lachen,
ich liebe die Politiker, die zerstören und unterdrücken
und vor den nächsten Wahlen sich wie treue Diener bücken.

Ich liebe sie, die meinungslosen, linientreuen Eunuchen,
die nie finden was sie wollen und sich letztlich selbst verfluchen,
Ich liebe sie, die Egoisten, die alleine sind und bleiben
mit dem Stachel in der Seele sich den Todesstoß verschreiben,
und die vielen kleinen Spießer, die Vojeure und Genießer,
die nie sehen was sie wollen, ihrer heilen Welt Tribute zollen.

Ich liebe sie, die arroganten, dekadenten Abgesandten,
kämpfen mit vergangenen Tagen ohne nach dem Grund zu fragen.
Ich liebe sie, die Kriminellen, die nie schwimmen auf den hohen Wellen,
die nur immer untergehen ohne vorher schönes Land zu sehen,
die bildungssatten intellektuellen, elitären Gesellschaftszellen,
Cliquen bilden, qualifizieren andere stets ignorieren.

Millionär

He Papa, ich will keinen Teddybär, nur eine Uhr aus Gold,
ein Motorrad und einen Flug nach LA,
einen Job für den Tag, eine Miss für die Nacht
und jede Menge Freizeit,
ein Boot am Meer und sehr viel Macht.

Hey oh hey, i möcht mein Cabriolet,
hey oh hey, und eine Jacht am Meer,
hey oh hey, ein Haus in St.Tropez,
hey oh hey, ich werd ein Millionär.

He Sohn ich hab keinen Teddybär und keine Uhr aus Gold,
kein Motorrad und keinen Flug nach LA,
keinen Job für den Tag, keine Miss für die Nacht,
doch jede Menge Freizeit,
nur kein Geld, dein Konto ist leer

Hey oh hey, i möcht mein Cabriolet,
hey oh hey, und eine Jacht am Meer,
hey oh hey, ein Haus in St.Tropez,
hey oh hey, ich werd ein Millionär.

Hey Papa sag, was ist den los,
warum bin ich nicht Millionär,
und alle haben, das was ich will,
warum kann ich es nicht kaufen.

Hey oh hey, i möcht mein Cabriolet,
hey oh hey, und eine Jacht am Meer,
hey oh hey, ein Haus in St.Tropez,
hey oh hey, ich werd ein Millionär,

Hey oh hey, i möcht mein Cabriolet,
hey oh hey, und eine Jacht am Meer,
hey oh hey, ein Haus in St.Tropez,
hey oh hey, ich werd ein Millionär,

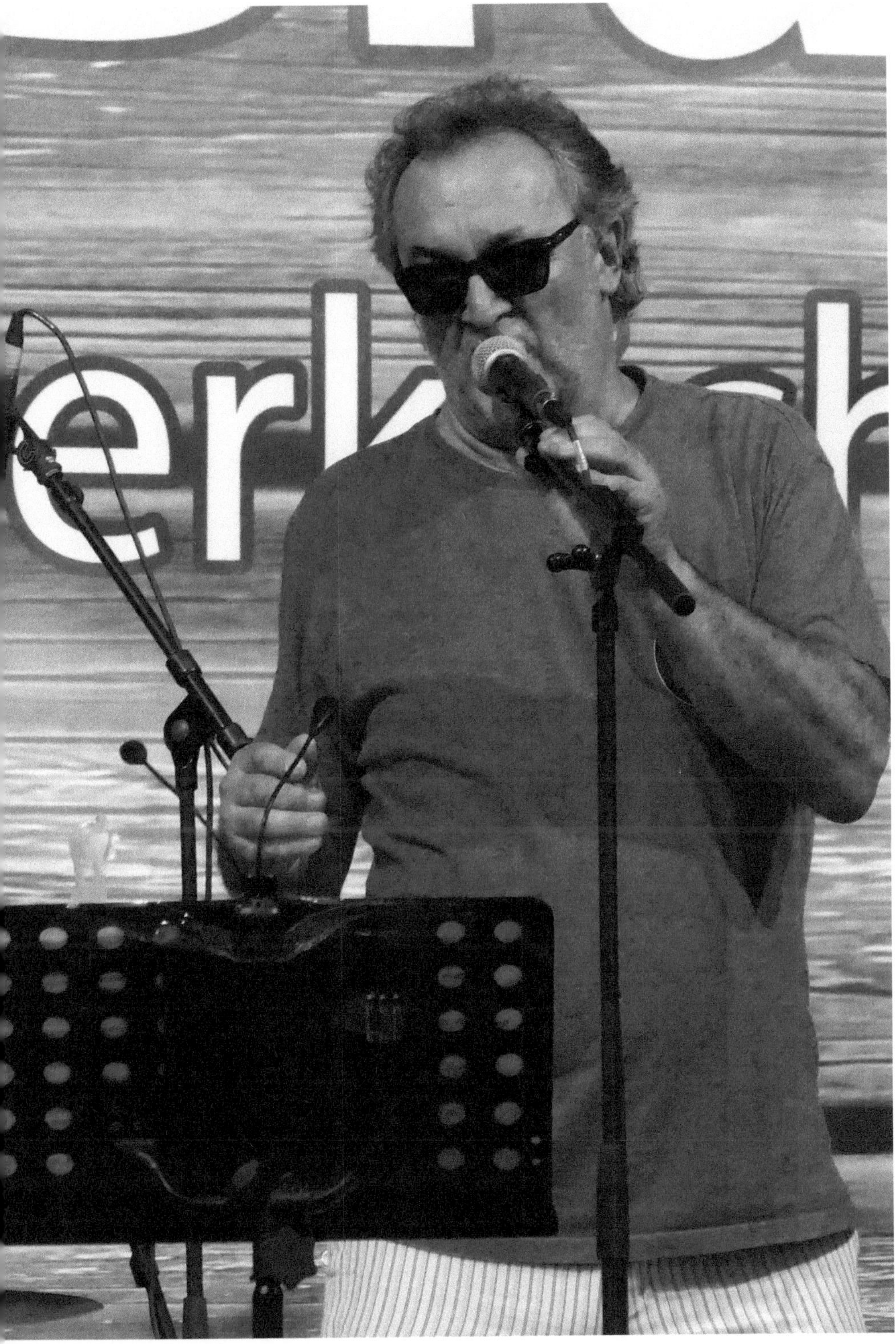

Der Neusiedler See

Er liegt im Herzen von Europa,
Ungarn berührt er zart am Rand,
als naher Strand von Wien und Budapest,
doch stolzer Teil von Burgenland.
Das Schilf das ist sein Winterfell,
es wiegt sich wild im Sommerwind,
und wenn ein Schwan die Abendsonne streift,
dann weißt du sofort wo wir sind.

Er ist nicht tief, und auch nicht klar,
er ist kein Meer und auch kein Fluss.
Er ist oft wild und manchmal sanft,
für Kopf und Seele ein Genuss.

Das ist der Neusiedler See, das ist der Neusiedler See.
Er ist das Eis und der Wind, die Ruhe und der Schnee,
er ist die Einsamkeit und das Event,
mit seinem Wein, den jeder kennt,
Es fliegt die Ente, es läuft das Reh,
am Neusiedler See.

Sie treiben hin auf seinen Wellen
und ziehen Bahnen wild am Brett.
Sein Eis das schneiden sie mit Kufen
und Vögel tanzen ihr Ballett.
Die Sonne spiegelt ihre Strahlen
und sie versinkt im Silberglanz,
vorbei am Duft der alten Weiden und an der Reiher Morgentanz.

Er ist nicht tief, und auch nicht klar,
er ist kein Meer und auch kein Fluss,
er ist oft wild und manchmal sanft,
für Kopf und Seele ein Genuss.

Das ist der Neusiedler See, das ist der Neusiedler See.
Er ist das Eis und der Wind, die Ruhe und der Schnee,
er ist die Einsamkeit und das Event,
mit seinem Wein, den jeder kennt,
Es fliegt die Ente, es läuft das Reh,
am der Neusiedler See.

Das ist der Neusiedler See,
das ist der Neusiedler See ...

Nur mit dir

Nur mit dir kommt die Sonne herunter.
Nur mit dir steht der Mond übern Meer.
Nur mit dir ist das Schweigen auch reden.
Nur mit dir ist ein nein viel zu schwer.
Nur, nur mit dir, können die Jahre vergehen.
Nur, nur mit dir, ist jedes Leben so schön.
Nur, nur mit dir laufen die Wellen am Strand
Nur, nur mit dir ...

Nur mit dir ist das Kleine viel größer,
Nur mit dir ist das Dunkle so hell.
Nur mit dir ist ein Blick wie ein halten.
Nur mit dir ist ein Kriechen so schnell.
Nur, nur mit dir, können die Jahre vergehen.
Nur, nur mit dir, ist jedes Leben so schön.
Nur, nur mit dir laufen die wellen am Strand
Nur, nur mit dir ...

Nur mit dir leuchten immer die Sterne.
Nur mit dir schlaf ich regungslos ein.
Nur mit dir wach ich auf wie ein Vogel.

Nur mit dir kann ich immer ich sein.

Nur, nur mit dir, können die Jahre vergehn.

Nur, nur mit dir, ist jedes Leben so schön.

Nur, nur mit dir laufen die Wellen am Strand.

Nur, nur mit dir ...

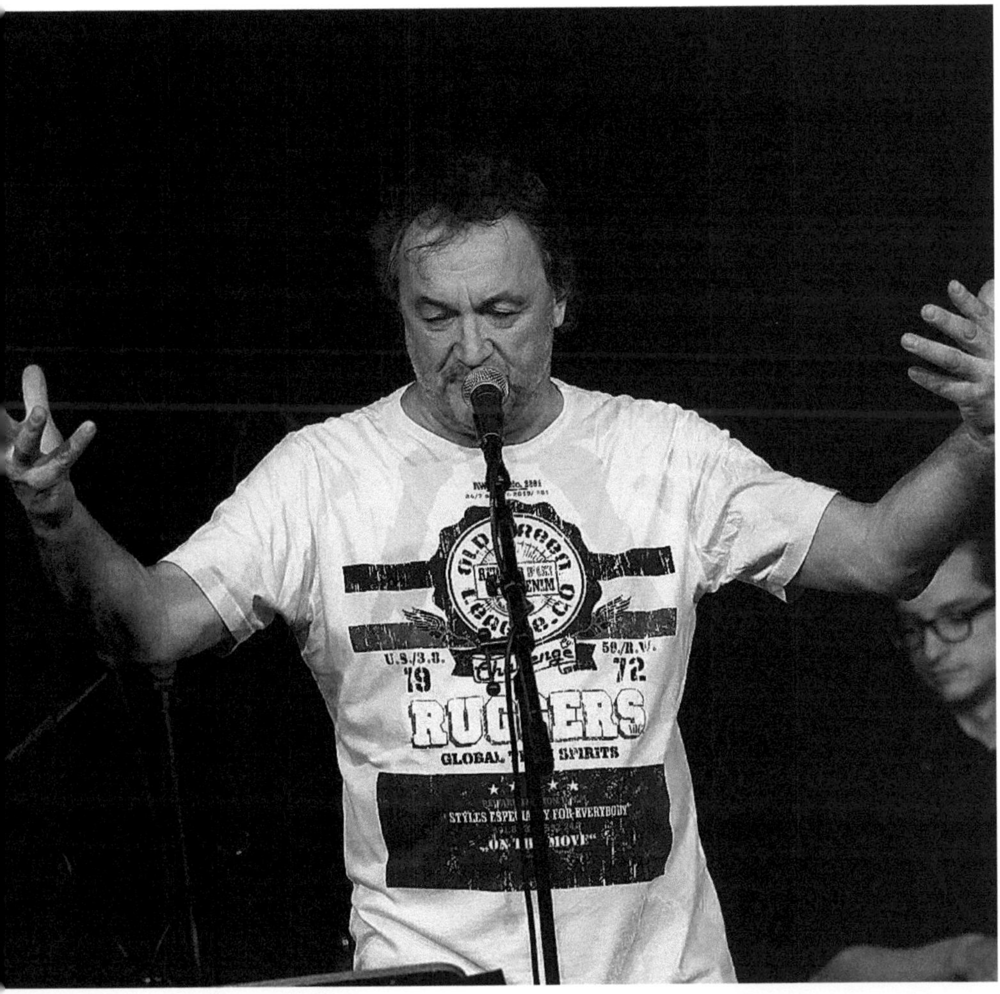

Plastic Fantastic

Er braucht Viagra für den Harten,
sie Silikon für Arsch und Brust.
Spielt bei den Frauen stets den Smarten
und praktiziert die schnelle Lust.
Sie schnallt die Brust so wonderbra
hinauf in unerreichte Höhen,
das Fett wird abgesaugt von Kopf bis zu den Zehen.

Plastic Phantastic - schöne Welt
Plastic Phantastic - wie sie uns gefällt
Plastic Phantastic - schöne Welt

Plastic Phantastic - schöne Welt
Plastic Phantastic - wie sie uns gefällt
Plastic Phantastic - schöne Welt

Sie sehen mich an in Magazinen,
im TV und auf Plakaten.
Glattgesicher ausdruckslos, Schönheit in Raten.
Die kleinen Ärsche wackeln,

verführen dich in eine Welt.

Wo Falten, graues Haar

und auch Bauch schon gar nix zählt.

Plastic Phantastic - schöne Welt

Plastic Phantastic - wie sie uns gefällt

Plastic Phantastic - schöne Welt

Plastic Phantastic - schöne Welt

Plastic Phantastic - wie sie uns gefällt

Plastic Phantastic - schöne Welt

Sarajevo

Es kommt nichts herüber, es ist viel zu spät,
sie schlachten sich ab, egal ob einer gesteht,
der Hass sitzt tief und Worte verlieren den Sinn,
die dümmliche Meute sie kührt ihre Hetzer
und Schreier amputieren sie wieder
und Väter sie weinen nur mehr in der Nacht.

Das endlose Drama verzehrt neue Leben zu töten, zu
sterben oder sich zu ergeben,
die einzige Wahl der trostlosen Dimension,
sie knallen im Stehen auf bewegliche Ziele,
zu siegen damit, dafür sind sie zu viele.
Das Blut auf der Straße verrinnt sich längst im Staub.

Schwarz trägst du heute und schwarz trägst du morgen
wie lang noch, wie lang ...
heut bist du tot doch irgendwann wirst du geboren und
dann und dann lebst du.

Du versuchst den Haß zu vergessen,

doch der Schmerz hat schon längst die Gehirne zerfressen,
zu lang schon gewöhnt an Tod und Leid,
doch wie und wo und wodurch soll es enden,
lasst euch nicht länger von den Hetzern blenden,
es gibt nur Vergessen, ein Verzeihen wohl kaum.

Doch auch im Beton da wachsen oft Blumen,
ein Lachen lässt oft einen Schrei verstummen,
und irgendwie ist da immer ein Weg,
es gibt nur ein Leben oder ein Sterben,
das Trennende das führt immer ins Verderben,
ein Krieg hat noch niemanden glücklich gemacht.

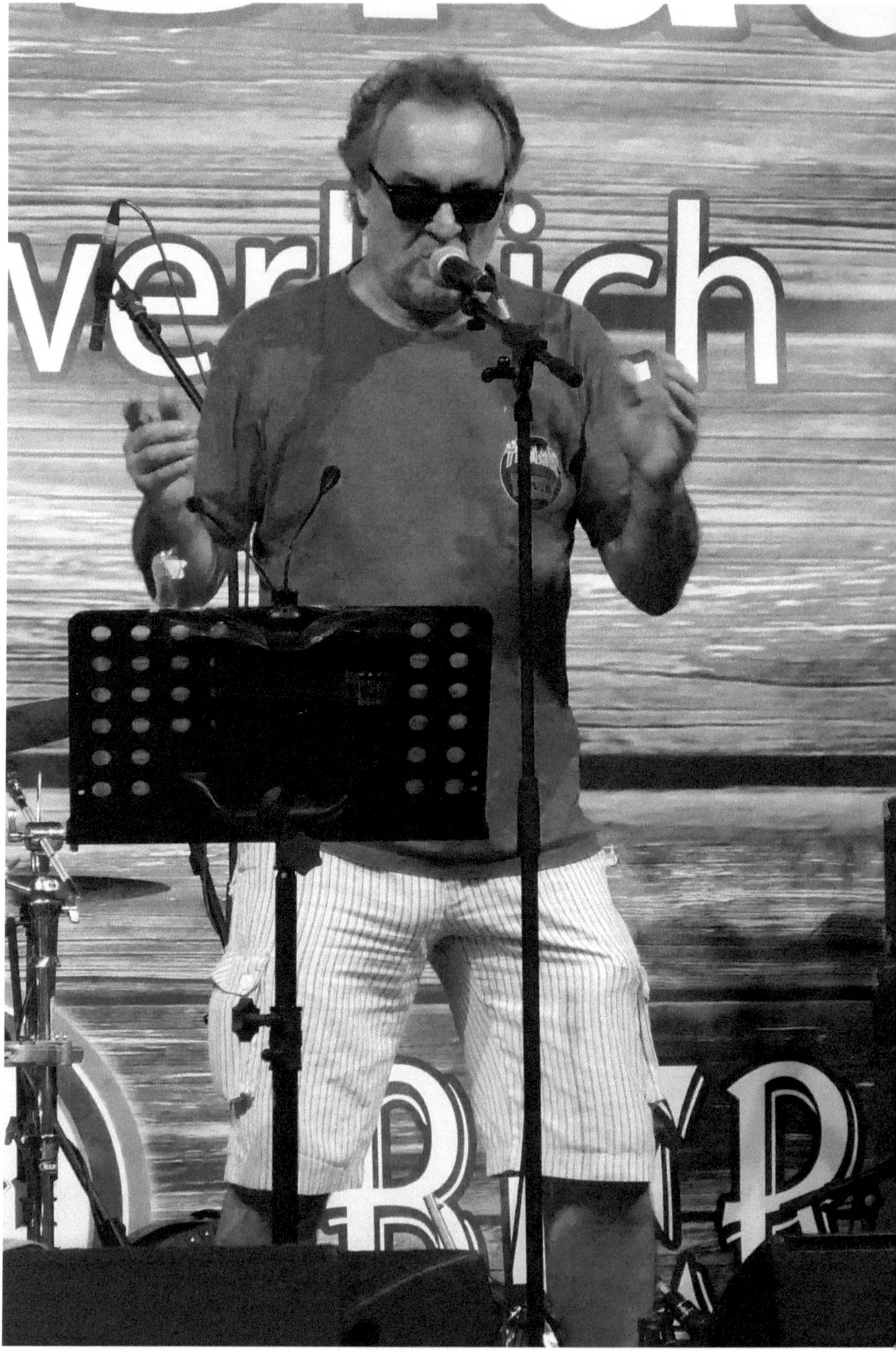

Schade Schade

Hey Gott, wie ist das Leben so nach meinem Tod?
Gibt's dort auch die Kirchensteuer und für Ministranten Ostereier?
Sind die Grabscher in der Hölle oder noch auf deiner Welle?
Wird dort alles zugedeckt oder weiter noch geleckt.

Schade, schade, es ist alles nur Fassade.
Schade, schade, es ist nur ein leerer Wahn.
Schade, schade, geht zur Hölle ohne Gnade.
Schade, schade, eine Zukunft ohne Plan.

Es ist aus, du bist gefeuert!
Keiner will dich heute mehr.
Neue Männer braucht das Land,
keine Pharisäer!

Barack Obama, wie ist das Leben so im weißen Haus?
Wann schlüpfst du aus deinem braunen Nachtpyjama endlich raus.

Schnell gekillt hast du Bin Laden und Afghanistan versinkt.
Was hast du geändert wenn man Tote heimwärts bring?

Schade, schade, es ist alles nur Fassade.
Schade, schade, es ist nur ein leerer Wahn.
Schade, schade, geht zur Hölle ohne Gnade.
Schade, schade, eine Zukunft ohne Plan.

Es ist aus du bist gefeuert,
keine will dich heute mehr.
Neue Männer braucht das Land,
keine Pharisäer.

Hallo Minister, sag wo ist dein Präsident,
nur korrupte Abkassierer sind schon lange resistent
Lobbyisten dirigieren, holen was für die Partei,
teilen Geld und Macht,
Schicksale sind einerlei.

Schade, schade, es ist alles nur Fassade.
Schade, schade, es ist nur ein leerer Wahn.
Schade, schade, geht zur Hölle ohne Gnade.
Schade, schade, eine Zukunft ohne Plan.

Es ist aus du bist gefeuert,
keine will dich heute mehr.
Neue Männer braucht das Land,
keine Pharisäer.

Es ist aus du bist gefeuert,
keine will dich heute mehr.
Neue Männer braucht das Land,
keine Pharisäer.

Schatten

Restlos abgeworfene Nacht,
hat doch nichts für mich gebracht,
aber du liegst mir im Arm,
deine Welt hält dich so warm.
Aber mir ist furchtbar kalt,
Träume die vergehen bald,
und ich weiß dort drüben stehst du,
Schatten winken immerzu.

Und es wird kein Morgen sein,
ist es hell, bin ich allein,
Schatten springen an der Wand,
ziehen mich in ein anderes Land,
aber mir ist jetzt schon kalt,
und ich weiß nicht, wo bist du,
Schatten lachen immerzu.

Ich bin da, die Sonne lacht,
hat das Herz mir aufgemacht,
Schatten liegen schon am Strand,
nehmen mich an der kalten Hand,

und ziehen mich für immer fort,

ganz weit weg an einen heißen Ort.

Und ich weiß nur, das bist du.

Schatten lieben immerzu.

Sehnsucht nach dem Burgenland

Entsprungen aus der Monarchie,
gelandet in der Gegenwart,
von Neusiedl bis Eisenstadt,
von Jennersdorf bis Oberwart,
so lang und schmal, so flach und kaum ein Berg,
vom Norden bis zum Süden,
als Land jedoch kein Zwerg.

Es ist die Lebenslust, der Wein,
der See, die Sonne und der Wind,
man fühlt sich wohl, und man ist hier zu Haus.
Es ist wie ein Gefühl, wie eine Kraft in deiner Hand,
es die Sehnsucht nach dem Burgenland.

Deutsche, Ungarn und Kroaten,
leben friedlich hier im Land,
wie ein unsichtbares Festes,
wie ein starkes Menschenband,
so lang und schmal, so flach und kaum ein Berg
vom Norden bis zum Süden,
als Land jedoch kein Zwerg.

Es ist die Lebenslust, der Wein,
der See, die Sonne und der Wind,
man fühlt sich wohl, und man ist hier zu Haus.
Es ist wie ein Gefühl, wie eine Kraft in deiner Hand,
es die Sehnsucht nach dem Burgenland.

300 000 Seelen,
eine stille Macht,
Musik, Kultur, Natur und Eigenart
haben uns zu dem gemacht,
so lang und schmal, so flach und kaum ein Berg
vom Norden bis zum Süden,
als Land jedoch kein Zwerg.

Es ist die Lebenslust, der Wein,
der See, die Sonne und der Wind,
man fühlt sich wohl, und man ist hier zu Haus.
Es ist wie ein Gefühl, wie eine Kraft in deiner Hand,
es die Sehnsucht nach dem Burgenland.

Simon

Es kommt nichts herüber, es ist viel zu spät,
sie schlachten sich ab, egal ob einer gesteht,
Der Hass sitzt tief und Worte verlieren den Sinn,
die dümmliche Meute, sie kürt ihre Sieger,
Hetzer und Schreier amputieren sie wieder,
und Väter sie weinen nur mehr in der Nacht,
das endlose Drama verziert neue Leben,
zu töten, zu sterben oder sich zu ergeben,
die einzige Wahl der trostlosen Dimension.
Sie knallen im Stehen auf bewegliche Ziele,
zu siegen damit, dafür sind sie zu viele,
das Blut auf der Straße verrinnt sich längst im Staub.

Schwarz trägst du heute und Schwarz trägst du morgen – wie lange noch, wie lange – Simon?

Heute bist du tot doch morgen wirst du geboren,
gemeinsam mit Hassan – Simon.

Du versuchst den Hass zu vergessen,
doch der Schmerz hat schon längst die Gehirne zer-
fressen,
zu lang schon gewöhnt an Tod und Leid,
Doch wie und wo und wodurch soll es enden?
Lasst euch nicht länger von den Hetzern blenden, es
gibt nur Vergessen, ein Verzeihen wohl kaum,
doch auch im Beton, da wachsen oft Blumen,
ein Lachen lässt oft einen Schrei verstummen.

Und irgendwie ist da immer ein Weg,
es gibt nur ein Leben oder ein Sterben,
das Trennende, das führt immer ins Verderben,
ein Krieg hat noch niemanden glücklich gemacht.

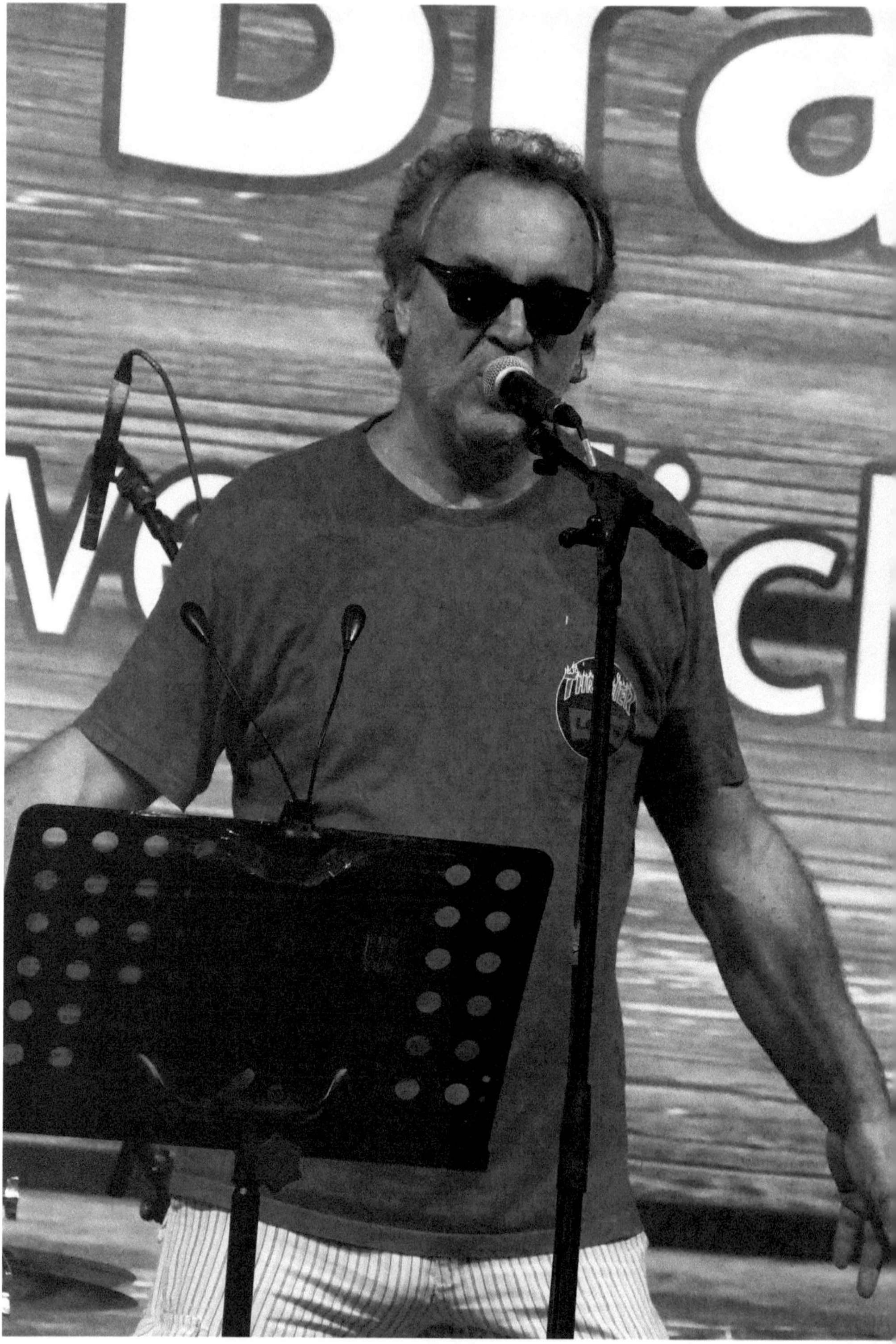

Stars Stars

Hey, ich bin ein große Star,
Bekannt vom Fernsehen, ist doch klar.
Bin Koch, Frisör und ein Radioschwätzer.
Ich bin ein Mann mit Kult und ich bin ein Idol,
und Hero und ich bin ein Gottersetzer.
Bin Winzer, Wirt und Bäckersmann,
Modell, Doddel, Scharlatan.
Ich bin ein Star und ihr seid schuld daran.

Ich bin ein Star. Ich bin ein Star
Ich bin Star.
Ich bin ein Star. Ich bin ein Star
Ich bin Star.
Ich bin ein Star. Ich bin ein Star
Ich bin Star.

Ich bin bekannt als Dilettant, ein bunter Hund.
ein Schauspieler, ein Fußballer, ein Mandatar und Szenegeist.

Ich tanze an, auf jedem Ball, ein Bussi her, ein Bussi hin,
Ich kenne alle und wenn ich was brauch dann bin ich drin,
Bin weiß wie Schnee und rot wie Blut und ich weis wie gut das tut.
Und meine Freunde ja die habe ich überall.

Ich bin ein Star. Ich bin ein Star
Ich bin Star.
Ich bin ein Star. Ich bin ein Star
Ich bin Star.
Ich bin ein Star. Ich bin ein Star
Ich bin Star.
Ich bin ein Star. Ich bin ein Star
Ich bin Star.

Wir teilen uns den Kuchen dann,
ein jeder nimmt was er tragen kann,
Ob Banken, Flieger oder Provision.
Wir sind die Stars von dieser Welt,
wo nur Money Money zählt,
und nur im Kreis ist jeder, der es weiß.

Ich bin ein Star. Ich bin ein Star

Ich bin Star

Ich bin ein Star. Ich bin ein Star

Ich bin Star

Ich bin ein Star. Ich bin ein Star

Ich bin Star.

Tanz

Tanz, Jonny Tanz, mach dies und mach das
und vergiss dich ganz.
Sag einmal, dies einmal das hör auf zu denken,
denk an deinen Spaß.
Sei auch einmal dabei, du bist doch die Stütze
der Partei,
Sie brauchen dein Ideal, spätestens bis zur nächsten Wahl.

Tanz, Lisa tanz, mach dies und mach das und vergiss dich ganz.
Dreh dich einmal im Kreis,
vergiss nicht zu lächeln, dann gibt's einen Preis.
Zeig auch einmal Haut,
die geilen Typen applaudieren laut,
Brust und Po heraus,
sie ziehen dich mit ihren Augen au.

Tanzt, Leute tanzt, macht des und macht das
und vergesst euch ganz.
Dreht euch immer im Kreis,

stimmt die Richtung, gibt's einen Preis,
zeigt nur nie Moral, sie ist nicht gefragt,
zu sentimental.
Wer heute tanzt gewinnt,
im Rhythmus der anderen sie nur glücklich sind.

Lei lei lei lei, das Leben geht viel zu schnell vorbei,
drum mach ich was ich will
und suche mir mein eigenes Ziel,
lade alle ein
von niemanden abhängig zu sein.
Wie ein Vogel im Wind, wie ein Fisch
oder wie ein kleines Kind.

Vernissage

Monsieur und mon Madamme,
heut ist wieder Vernissage,
erlauchtes Publikum
strömt ein so nach und nach,
sie kommen um zu sehen,
sie essen nur in Stehen
und viele simpeln fach über irgendwas.

Der Mittelpunkt fürwahr,
ist der Künstler - ist doch klar,
auch wenn so manche das Buffet nur lockt.

Und irgendwann ist's so weit
und die Gelegenheit,
ein Bild zu kaufen oder nicht.

Vernissage - du bist die Aktion, die Illusion fürwahr,
du schenkst uns Träume für Minuten offenbar,
du gibst uns Emotionen und die Sicherheit,
geborgte Bilder – geborgte Bilder

geborgte Bilder - für die eigene Ewigkeit.
geborgte Bilder – geborgte Bilder
geborgte Bilder - für die eigene Ewigkeit.

Und viele Augen sehen,
was nicht zu sehen ist,
die bloße Illusion
macht dich zum Anarchist.
Sie reißen deine Kinder wortlos von der Wand,
verteilen sie auf Zimmerflächen dann im ganzen Land,
das adoptierte Kunstgefühl ist aber leider nur geliehn,
genießen sie in Wahrheit doch nur deine Phantasien.
Und wenn sie auch bei andren Eltern glücklich sind,
in Wahrheit bleibt ein jedes, dein eignes liebes Kind.

Vernissage - du bist die Aktion, die Illusion fürwahr,
du schenkst uns Träume für Minuten offenbar,
du gibst uns Emotionen und die Sicherheit,
geborgte Bilder – geborgte Bilder
geborgte Bilder - für die eigene Ewigkeit.
geborgte Bilder – geborgte Bilder
geborgte Bilder - für die eigene Ewigkeit.

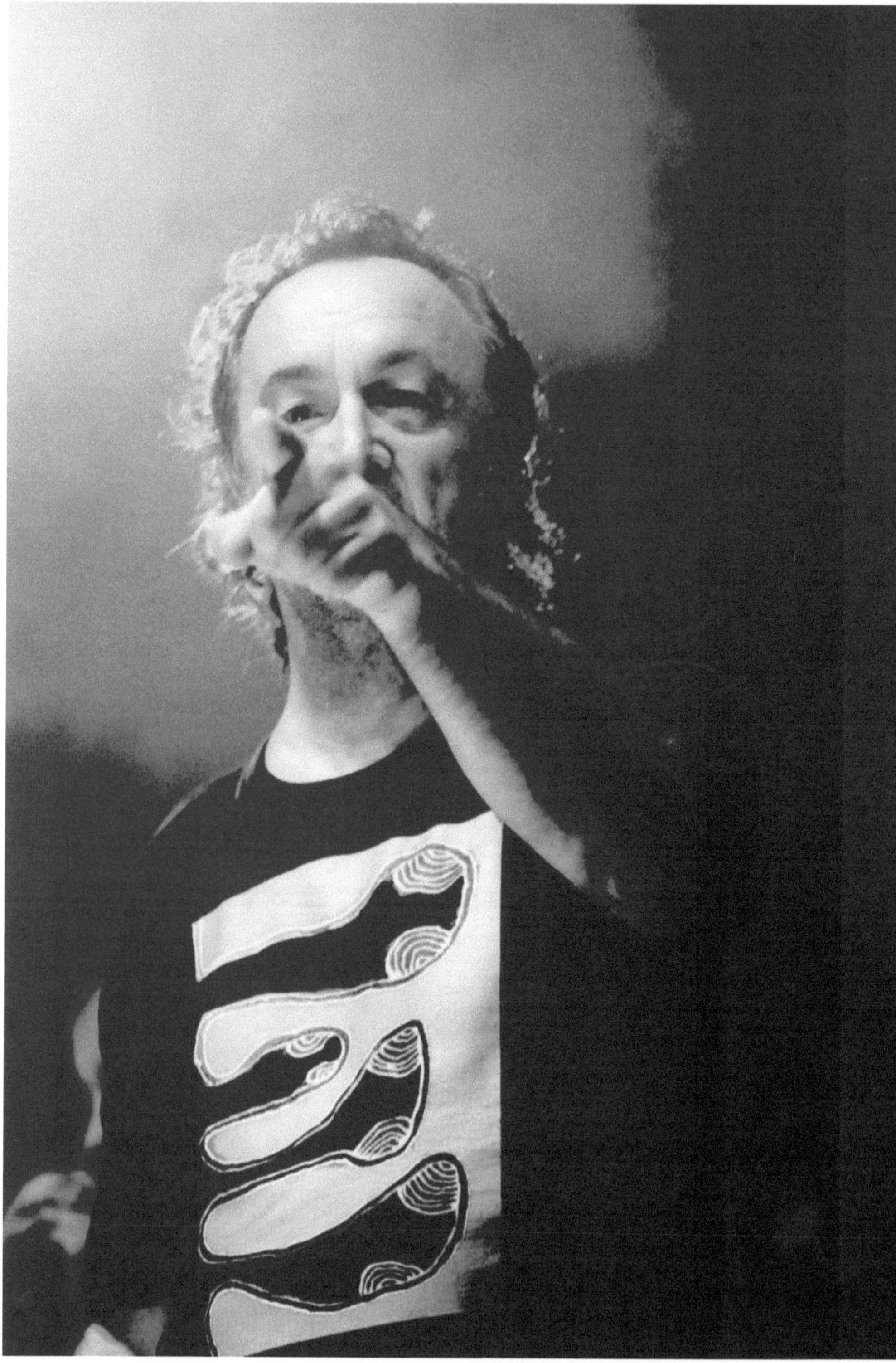

Vis a vis

Mein stilles Vis a Vie – i was net, wie i herankomm an di.
Schöne Frau, i was genau, dass i mi net trau.
I hob gspüt auf James Dean,
doch des war net drin,
und der Augenkontakt hat auch nicht geklappt.
Und der einsame Boy, der war ihr net neu,
i kanns net verstehn, mit der Frau ist was geschehn.

Mein schönes Vis a Vis, mir scheint deine Augen die schönen,
die blauen.
Varoten net viel von deinem Gefühl, net all zu viel.

Vielleicht arrogant, vielleicht tollerant,
oder gor prograssiv.
Oder bist in an Tief?
Bis du orm oder reich, doch des is mir gleich,
i mecht nur gern, die lochn hearn.

Mein stilles Vis a Vis, i glaub i gib auf und geh noch Haus.

Nimm mit deine Augen, die schönen blaueb und dein Mund so rot,

Adieu mon Amour, es losst ma ka ruah,

so ganz neutral, des is net normal,

i mecht so gern di amoi lochn hern,

Adieu, adieu und vergiss mi net zschnö.

Wähle mich

Sie marschieren in Reih und Glied,
unterdrücken dich allein.
Sie lächeln immerzu, wer kann das schon sein.
Komm: Wähle mich!

Und sie schütteln deine Hand, wie Maschinen ohne Herz.
Alles nur in meine Tasche.
Nur für mich allein.
Wähle mich!

Sie kriegen nie genug, denn ihre Gier ist riesengroß,
sie säugen ihre Kinder mit deinem Blut so gnadenlos.

Spekulieren mit Ignoranz und stiller Apathie,
konzentrieren sich daher nur auf Strategie.

Komm: Wähle mich!

Sie zeigen die Gesichter auf Plakaten und im Bild.
Und sie winken und sie kommen dort wo es was bringt.

Komm: Wähle mich!

Sie kriegen nie genug, denn ihre Gier ist riesengroß.
sie säugen ihre Kinder mit deinem Blut so gnadenlos.

Wahnsinn

Es ist zu viel, es zu ertragen,
es ist zu viel für mich allein.
Es schafft ein neues Unbehagen,
man kann auch einmal Zweiter sein.
Die Gunst sich selbst allein zu lieben,
als Egoist der Einsamkeit.
Als Seelenmonopol betrieben,
schafft immer nur Vergangenheit ...

Ich will dich halten, nehmen und fassen und heut und morgen nicht von dir lassen,
Ich schmelz dich gänzlich in mich ein, willst du ein Teil meines Wahnsinns sein.

Es ist so schön, dich so zu sehen,
ganz ohne stille Illusion.
Der Tag beginnt und endet wieder,
wann und warum, wer fragt das schon.
Wir wollen heute doch nur fliegen,
ich fange dich im Morgenlicht.

Du lehrtest mich nicht nur zu siegen
und hältst mich fest wenn alles bricht.

Ich will dich halten, nehmen und fassen und heut und morgen nicht von dir lassen,
Ich schmelz dich gänzlich in mich ein, willst du ein Teil meines Wahnsinns sein.

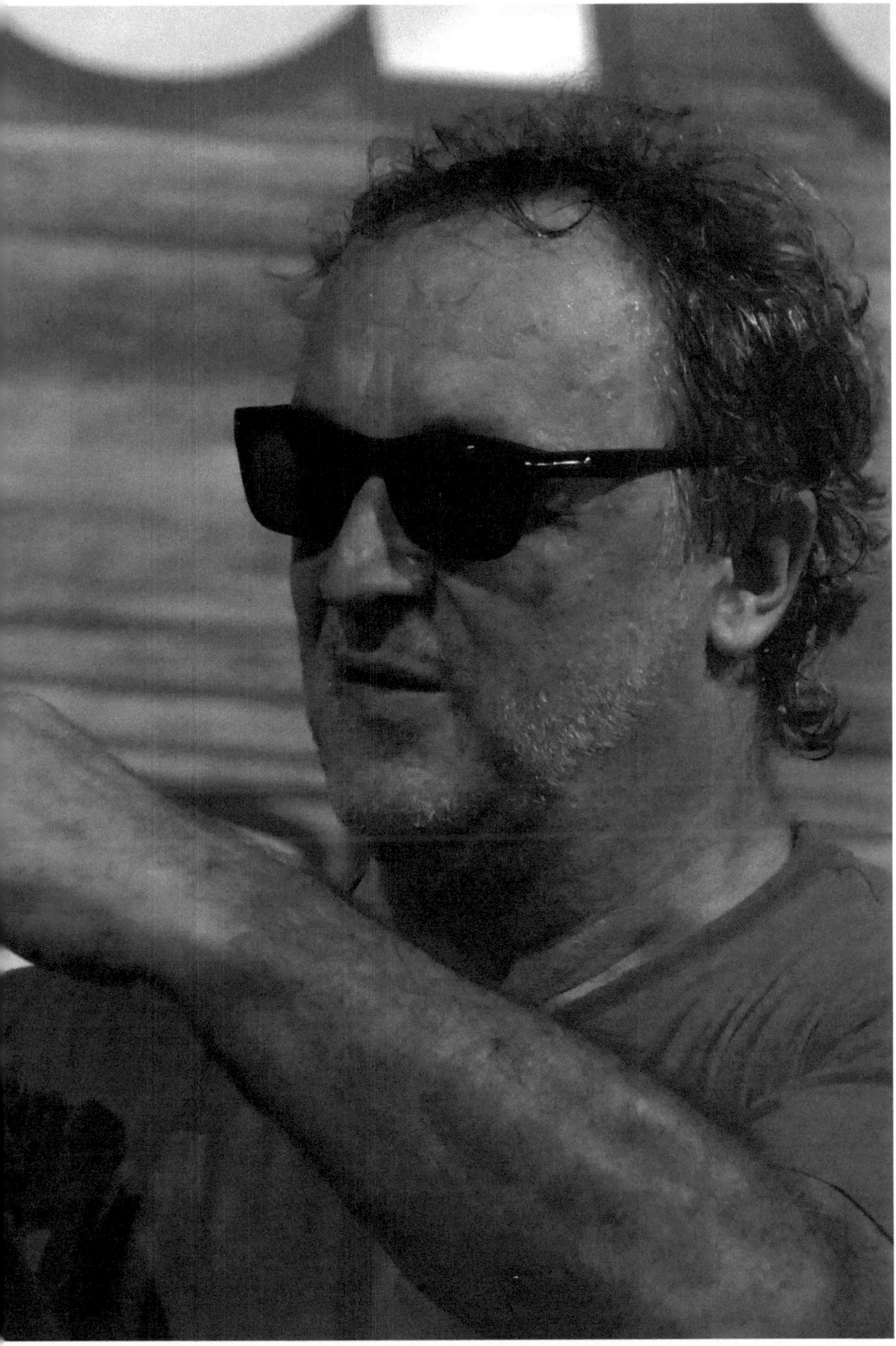

Warum

Warum hat jeder Tag am Ende eine Nacht.
Warum ist jeder Nebeltag so grau.
Warum ist jeder geil nach noch mehr Macht.
Warum ist jeder Mensch auch eine Sau.
Warum ist jeder laut und Egoist.
Warum sind viele so allein.
Warum ist oft ein Schwein ein guter Christ.
Warum muss alles das so sein.

Ja warum?

Warum verlassen Väter ihr geliebtes Kind.
Warum sterben Mütter ganz allein.
Warum macht Geld die Seele blind.
Warum muss alles das so sein.
Warum ist Liebe so ein leeres Wort.
Warum ist nehmen mehr als Glück.
Warum gehst du heut von mir fort.
Warum kommst du nie mehr zurück...

Ja warum?

Warum nur leben wir für den Moment.
Warum zerstören wir die Welt.
Warum sind wir uns so nah und doch so fremd.
Warum wär jeder gern ein Held.
Warum verfolgen wir die anderen.
Warum erkennt sich keiner mehr.
Warum kann keiner es sich eingestehen,
Warum nicht Blumen statt Gewehr.

Ja warum ...

Warum kann ich nichts mehr dagegen tun.
Warum bin ich auch schwach und klein.
Warum sind meine Lieder nur fürs Publikum.
Warum kann ich nicht mehr als schreien!
Warum ist kämpfen völlig hoffnungslos.
Warum ist Reden ohne Sinn.
Warum ist Leben völlig ausnahmslos,
nur ganz für dich allein gewillt.

Ja warum ...
Ja warum ....

Weihnachtslied

Das Christkind ist nun gekommen
und hat für jeden etwas mitgebracht.
Einen großen Baum hat es mitgenommen
und Kerzen, damit das Herz der Kinder lacht.

Einen warmen Pelz für die, die frieren
und Stiefel für das Militär,
einen billigen Sarg für jene, die krepieren
und Patronen für der Unterdrücker Gewehr.

Einen Scheck für die, die nach Geld gieren,
eine Blume für den Winter so mild,
einen Stock für jene, die den Halt verlieren,
ein Blatt für den Wind, so stürmisch wild.

Einen zarten Hauch für die Atemlosen,
und Hoffnung für diese Welt,
den Wunsch auf ein Menschenleben,
das mehr zählt, als Macht und Geld.

Das Christkind ist nun gekommen
und hat für dich etwas mitgebracht.
Es hat die Wärme mitgenommen,
damit ein anderes Auge wieder lacht.

Mit bringt es die traurige Gewissheit,
dass mein Lied nichts zu ändern vermag;
doch ich weiß, dass die Weihnachtsstille,
nicht mehr ist, als ein ruhiger Hauch am Grab.

Wieder einmal Liebe

Wieder mal Liebe, wieder Illusion,
wieder mal total verrückte, erzeugte Depression,
keine Argumente, so gänzlich ohne Plan,
zärtlich programmierter, stiller Liebeswahn.

Hat sie dich erfasst, so gänzlich umgedreht,
lebender Kontrast, wie´s wohl weitergeht.

Wieder mal Liebe, wieder Illusion,
wieder mal total verrückte, erzeugte Depression,
keine Argumente, so gänzlich ohne Plan,
zärtlich programmierter, stiller Liebeswahn.

Unkontrolliert, du gibst dich aus der Hand,
telefonierst, Gespräche stundenlang,
wie in Trance, ganz aus der Balance,
Träume ausgetauscht, am anderen berauscht.

Hat sie dich erfasst, so gänzlich umgedreht,
lebender Kontrast, wie´s wohl weitergeht.

Hab Angst mich zu blamieren, Angst zu erfrieren,
Angst vor dem Aus, alleine zu sein,
viel zu viel in mich hineingraviert.
Furchtbar wenig Worte, jeder hat kapiert.

Hat sie dich erfasst, so gänzlich umgedreht,
lebender Kontrast, wie´s wohl weitergeht.

Wo bist du

Ich bin nie gewesen, ich hab nie gelebt,
immer nur das graue Licht und Schatten erlebt.
Und ab und zu da lächelst du, doch nie zu lang,
das Neonlicht es blendet dich und macht dich krank.

Wo bist du

Ich bin gezogen mit der neuen Traurigkeit,
kann nicht mehr leben in der harten kalten Zeit,
und ab und zu da lächelst du, doch nie zu lang,
das Neonlicht es blendet dich und macht dich krank.

wo bist du

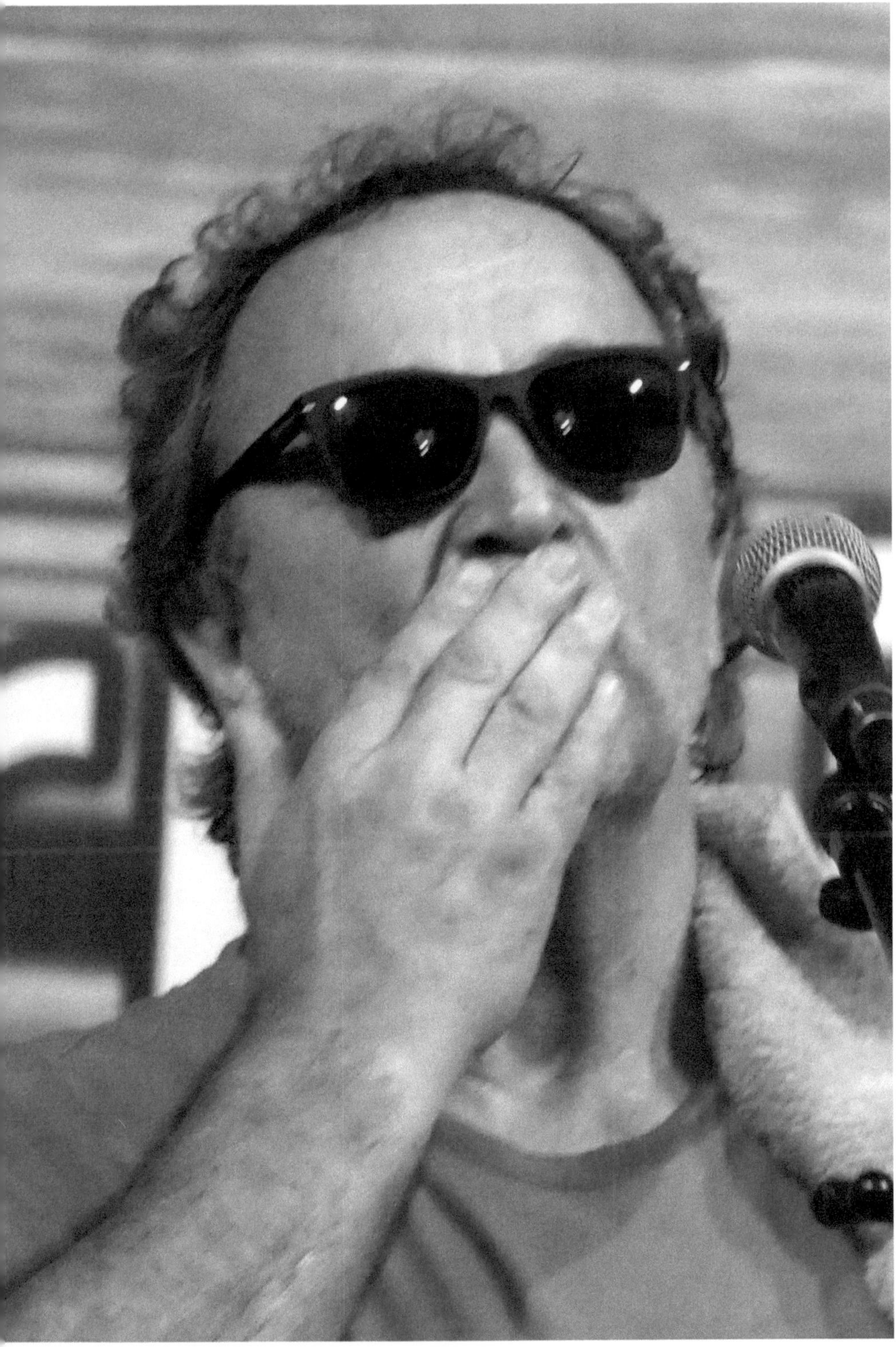

steht mit all seiner Kraft hinter seinen Vorhaben, war Lehrer, ist Musiker, Maler, Olivenbauer und Schreiber - als Schriftsteller will er sich nicht bezeichnen – und dies alles mit einer Leidenschaft und Konsequenz, die viele verblüfft.
Mit seinen Worten zeigt er die Fehler, Irrtümer und Irrglauben seiner Mitmenschen auf. Nimmt sich kein Blatt vor den Mund, um seine Meinung zu vertreten.

Rudi Treiber versucht ein ehrlicher, gerechter Mensch zu sein und das zeigt er – vor allem in seinem künstlerischen Wirken. Ein Mann, der noch die wahre Bedeutung des Wortes „Mensch sein“ lebt.
Er ist ein „Lebemann“ im positiven Sinn. Einer, der sich durch nichts und niemand von seinen Ideen abbringen lässt. Sich nicht dem Diktat der breiten Masse, dem Diktat des Durchschnitts, unterwirft.
Dieses Denken bringt er bereits in seinen Bildern sehr stark zum Ausdruck. Denn er malt, was er für gut findet, und nicht das, was die breite Masse sehen will.

Seine Texte sind lebensnahe, bissig und ironisch, doch leider viel zu wahr, um spekulativ zu sein. Die Worte Treibers lassen niemanden kalt und erhitzen so manchen.
Ein ständiger Provokateur, intellektueller Kosmopolit, Träumer und Illusionist.
In seinen Worten, und in seiner Musik, teilt er seine Ansichten über Kindesmissbrauch, Drogen, Neonazis, Politik und Lügen der Menschheit. Aber er findet auch Platz für Sentimentales ohne Peinlichkeit.

Manch einer wird sich angesprochen fühlen, manch einer vielleicht seine Ansichten verbessern, manch einer wohl beleidigt sein. Doch genau das will er mit diesem Buch erreichen. Die Menschen aufrütteln und sie aus dem Diktat des Durchschnitts reißen.

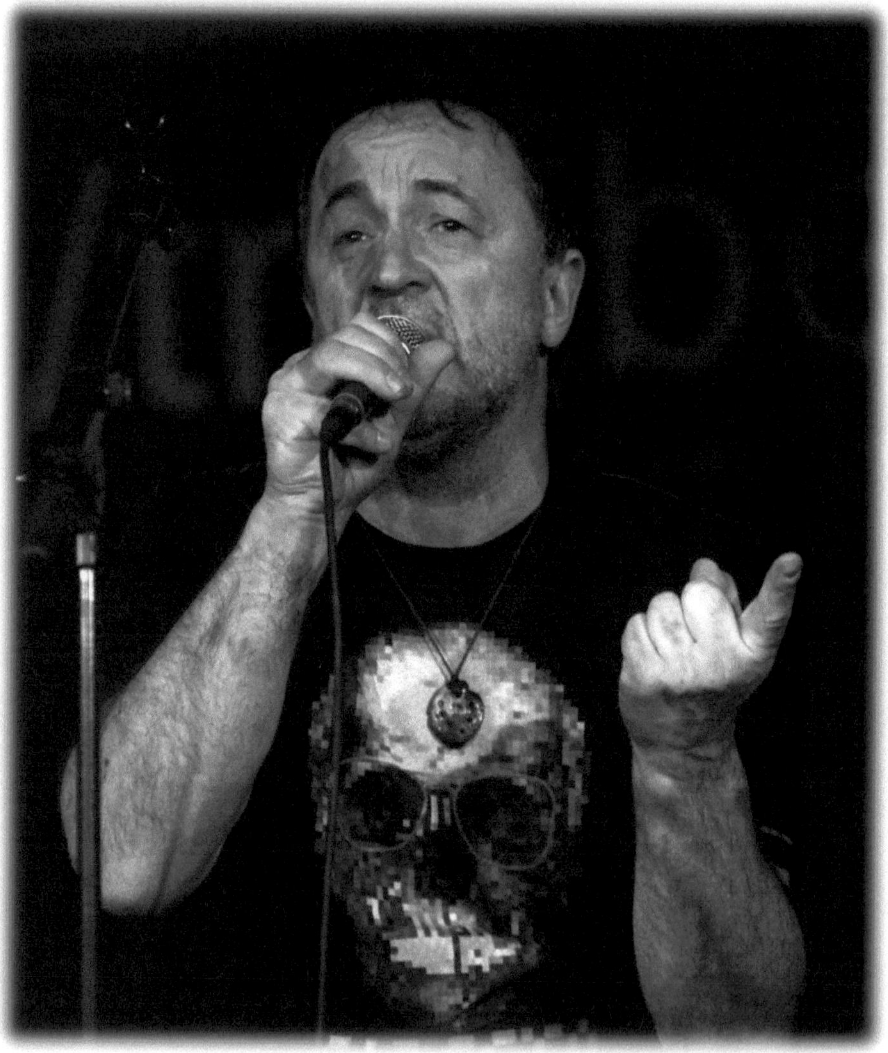

Die CD's von Rudi Treiber sind erhältlich

bei:

www.karinaverlag.at

http://www.treiber.magix.net

Downloads unter:

www.amazon.de

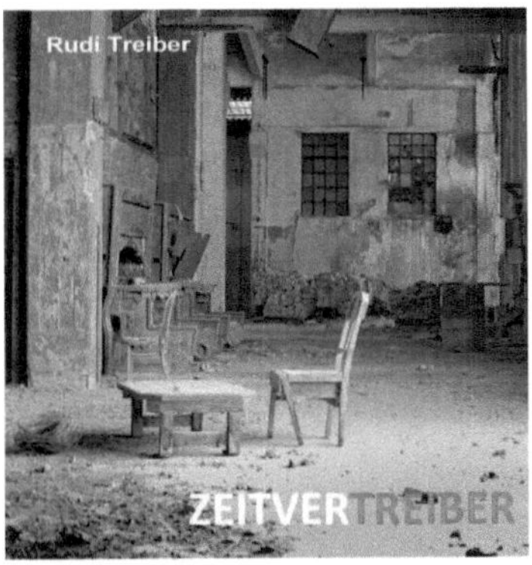

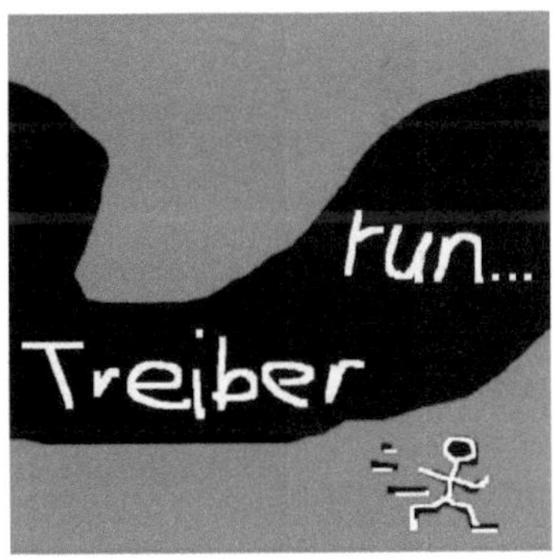

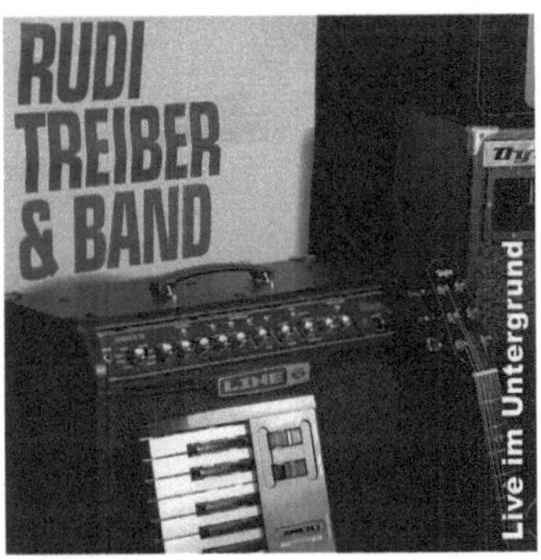

„Das Diktat des Durchschnitt“

von Rudi Treiber

ISBN: 9783950-386288

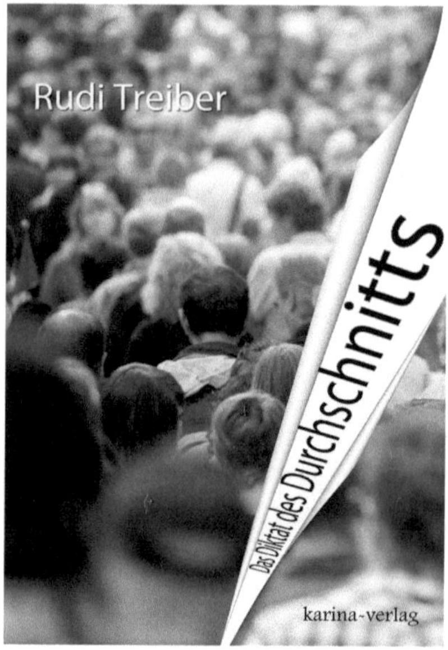

Über die Kunst zu leben
Und ein leben für die Kunst

Muss sich die Menschheit dem Diktat des Durchschnitts wirklich unterwerfen?
Rudi Treiber schreibt auf ironisch witzige und kritische Art über die Fehler der Masse.
Seine Bilder vollenden in diesem Werk die Kraft der Worte.
Ein künstlerisches Buch über den Witz des Lebens.

Wohlfühlen in Griechenland

Urlaub einmal nicht als Reise, sondern einfach „leben“. Zwei typisch griechische Häuser mit dem Flair des südlichen Lebens warten auf Euch. Einfach mieten und hinfahren. Entspannung garantiert.

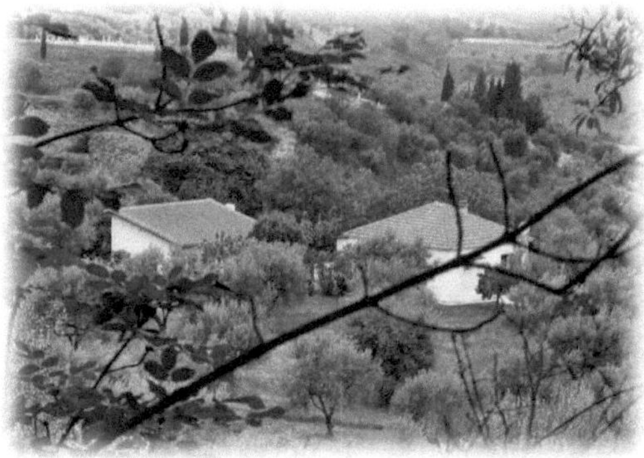

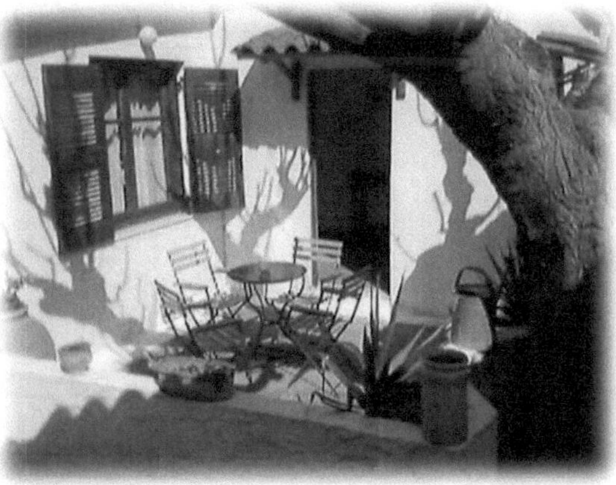

Erholung pur in der Steiermark

Das Ferienhaus liegt in Ratten, im steirischen Joglland. Die beruhigende Kraft der Wälder, das Rauschen eines Flusses, die Stille des Landes und der Charme der Natur, laden zur Entspannung ein.

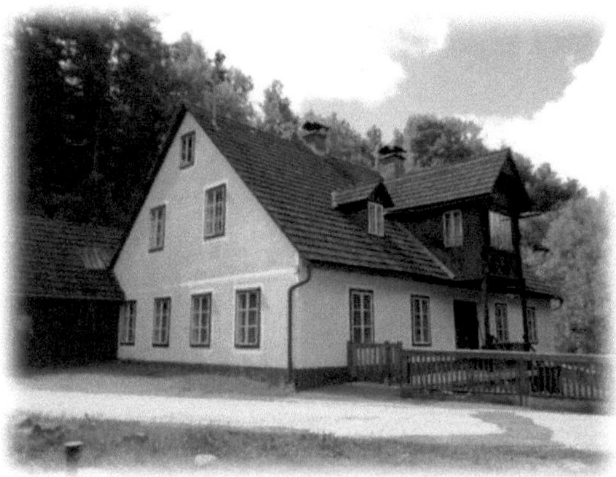

Das Haus mit vielen Räumen ist ausgestattet mit einem offenen Kamin, Sauna, großem Garten, eine Quelle und eine urgemütliche, stilvolle Einrichtung. In der nahen Umgebung gibt es umfangreiche Sportangeboten und Ausflugsziele für jede Jahreszeit.

Und nach der Erholung das naturbelassene

Olivenöl genießen:

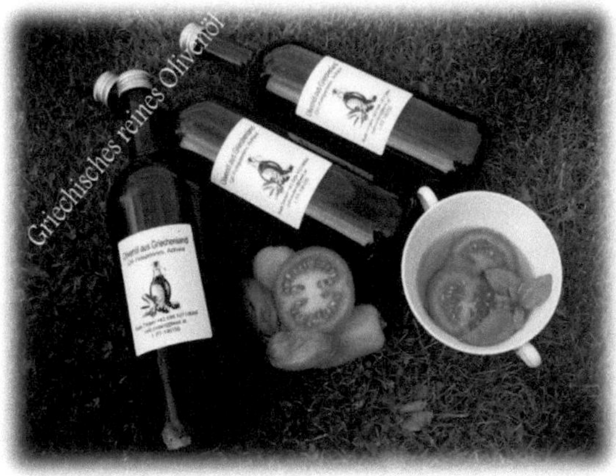

Information, Reservierung, Bestellung:

http://www.griechenland-haus.com/
http://www.olivenoel-aus-griechenland.eu/
http://www.ferienhaus-in-der-steiermark.at/
Mail: rudi.treiber@bnet.at
http://www.karinaverlag.at
Mail: karina.bookoffice@gmail.com

Karina-Verlag:

Gegründet wurde der Karina-Verlag im August 2014 von der Autorin Karin Pfolz. In Anlehnung den Verein „Respekt für Dich – AutorInnen gegen Gewalt", dessen Vorstandsvorsitzende sie ist.

Jedes publizierte Buch des Verlages, jede CD, jedes Kunstwerk unterstützt die Gewaltopferhilfe in Österreich.

Jährlich erscheinen einige Anthologien unter dem Titel „Jedes Wort ein Atemzug", von denen das gesamte Honorar an Gewaltfrei Leben geht. Daran beteiligen sich inzwischen über 1.200 AutorInnen weltweit.

Für den Karina-Verlag und alle unsere Künstlerinnen und Künstler gilt immer:

„Jedes Buch ist eine Träne weniger".

www.karinaverlag.at